艺术之约

Van Gogh

梵高

音渭　马文佳　编著

山西出版传媒集团
山西教育出版社

图书在版编目（CIP）数据

梵高 / 音渭，林锜主编 ；音渭，马文佳编著. -- 太原 :山西教育出版社, 2015.9

（艺术之约）

ISBN 978-7-5440-5699-1

Ⅰ.①梵… Ⅱ.①音… ②林… ③马… Ⅲ.①梵高，V.（1853-1890）-传记 Ⅳ.①K835.635.72

中国版本图书馆CIP数据核字(2015)第054110号

艺术之约·梵高

（YISHU ZHI YUE FAN'GAO）

音渭、林锜 主编 音渭、马文佳 编著

出 品 人 雷俊林

策 划 人 孙 轶 魏雪萍

责任编辑 魏雪萍

装帧设计 王春声

出版发行 山西出版传媒集团·山西教育出版社

（地址：太原市水西门街馒头巷7号 电话：0351-4729801 邮编：030002）

印 装 山西臣功印刷包装有限公司

开 本 889×1194 1/32

印 张 7.75

字 数 121千字

版 次 2015年9月第1版 2015年9月山西第1次印刷

书 号 ISBN 978-7-5440-5699-1

定 价 31.90元

来赴一场艺术之约
（代序）

绘画是人类天生的艺术。人们从孩提时代，便懂得用简单的线条勾勒眼中的世界。

好花不长开，好景不长在，有人却能用画笔将一刹那定格成永恒；平凡的事，平凡的物，有人却能带人们发现它的美好，赋予其新的生命；有形的景，无形的情，有人却能将情感挥洒成动人心魄的色彩，唤起深深的共鸣。

这样的作品，这样的人，都是我们耳熟能详的。它们永恒地铭刻在人类文明史上，深植入我们的头脑，构成我们基本的常识。这套书，便是一封跨越世纪的邀请函，翻开它，来赴一场艺术之约。

它讲的是美术家的人生，同时用人生的河流串起每一处绝妙的风景，也就是他们的作品。他们的生命从哪里开始，他们有怎样的家庭、怎样的童年、怎样的爱情、怎样的病痛，又怎样成长、怎样探索、怎样谋生，那些伟大的作品又是在什么情况下诞生……你会在这里一一找到答案。

他们其实不是艺术圣坛上那一张张用来膜拜的画像，而是跟我们每个人一样，有血有肉，有哀有乐。米勒有一个温暖快乐的童年；雷诺阿生了一个成为20世纪著名导演的儿子；高更最先是一位从事金融业、收入丰厚的绘画“票友”；梵高直到生命的最后一年才卖出一幅画；毕加索情人无数，80岁时还迎娶了35岁的妻子；蒙克一生在亲人去世、病痛、烟酒、精神癫狂中度过，却活到81岁高龄……每一幅经典画作，不再是展览墙上的木框，而是与鲜活的生命相联系。你从未如此真切地感受那些线条与色彩是由怎样的双手来勾勒。

当这许多位美术家汇集到一起，又串起了一部美术史，他们是美术史的链条上最璀璨的珍珠。每一本书都不是孤立的，而是互相呼应，他们是自己的传主，同时又是其他传主的背景。有时，几位名家同时出现或前后承接，你会发现他们在时间和空间上竟如此相近。你仿佛徜徉在巴黎的卢浮宫，漫步在枫丹白露森林，沉浸在浓厚的艺术氛围中。你看到他们在塞纳河畔背着画夹写生，在学院的画室研究着比例与笔法，在街角烟雾缭绕的酒馆进行着思想的争鸣，在为参加各种沙龙而忙着选画、贴标签、装箱、布展……

你的美术素养不再停留在知道几幅画作、几个名字上，你与艺术的联系更加紧密。你会在一场美术展览中关注画作的派别和技巧，你会在子女接受美术教育时找出最经典的画作，你会在某个地方旅行时说出哪位美术家曾与你走过同一段路。

更重要的——你会更加深刻地感受到艺术的美好。面对安格尔的《泉》，你是否为少女洁白自然的胴体而赞叹？面对米勒的《晚钟》，你是否为农民的虔诚、宁静、纯洁而感动？面对雷诺阿的《煎饼磨坊的舞会》，你是否听到阳光在树叶的空隙中欢跃喧闹？面对梵高的《向日葵》，你的双眼是否被那火焰般的明亮点燃？

林　倚

2015 年 6 月于北京

目　　录

第1章：孤独天才的诞生

梵高的艺术家族

现在提起绘画，许多人都会首先想起那个画出《向日葵》的后印象派画家梵高。然而恐怕梵高自己和他庞大的家族都没有想到，在他死后的一百多年间，他竟成为那个当时赫赫有名的大家族唯一的代言人。“梵高”其实是一个古老、显赫的荷兰家族的姓氏，其历史可以追溯至 16 世纪。到了 19 世纪，这个家族几乎拥有整个欧洲半数以上的画廊，在军事、神职等受人尊敬的领域中也不乏人才。

这个家族有很多一脉相传的特质，譬如心高气傲却心地善良，并且似乎生来就有对绘画极高的鉴赏力和敏锐的商业直觉。和梵高家族来往的朋友也大多是成就极高的艺术家和鉴赏家，因此，当时的画家们若想成为一流的艺术家，必然要至少有一幅画，挂在梵高家族的画廊中。然而这样一张“风车之国”上的巨大网络并没有让梵高家族的成员走得一帆风顺，相反，他们每个人都为了家族的名誉努力地奋斗着。

梵高的祖父文森特·梵高是一位博学多闻的新教牧师，这在当时是极其神圣的职业。他的名字文森特有“成功”的意思，而他也没有辜负这个名字，年纪轻轻就功成名就。他和梵高的祖母生下了六个女儿和六个儿子，可惜一个女儿年幼时便夭折了。这些孩子当中，与梵高祖父同名的文森特伯伯是位大画商，小时候因为身体不好，没能上大学，但他是一个很有才华、很精明的人。他最初在荷兰第三大城市海牙卖绘画材料，但在几年间他的画廊就成为全欧洲著名的画廊。而后他与当时世界上最大的画廊古比尔公司订立了合股合同，在巴黎、柏林、布鲁塞尔、海牙、阿姆斯特丹都有他的艺术品经营公司。

文森特伯伯和梵高的父亲是亲密的手足兄弟，所以梵高与他的弟弟提奥最初都在这位伯伯的店里工作过，并通过这份工作认识了许多画家，见识了许多名画。由于文森特伯伯有病，膝下又没有亲生子女，他一直把梵高和提奥当成自己的孩子来培养。

另外两位画商叔叔分别是亨德利克·梵高和科尼利厄斯·马利纳斯·梵高。亨德利克·梵高在布鲁塞尔、阿姆斯特丹经营着当地最大的画廊；而科尼利厄斯·马利纳斯·梵高是全荷兰最大的一家艺术品商号的总经理，每天都有上百幅画家的新作经他们的眼睛被决定是展出或者是被淘汰。而约翰尼斯·梵高，同样是梵高的叔叔，是当时荷兰海军的最高首脑，他出门走在路上，满街的人都要争着向他行礼。这样一家人牢牢扎根在荷兰的土地上，梵高这个姓氏也几乎成为荷兰的地标，梵高家族每添一个孩子，周围的人都要禁不住羡慕这个孩子生来就有的名誉和可能继承的财富。

相较于梵高的几位声名显赫的叔叔伯伯，梵高的父亲提奥多鲁斯·梵高显得事业平平。他从乌得勒支神学院毕业之后，继承梵高祖父的事业成为一位基督教牧师，但他似乎并不是一位很成功的牧师。不知道为什么，他总是被调往松丹特、纽南等偏僻的荷兰小镇。按他自己的想法，他早就应该在某个市中心的大教堂里布道了。然而，他是一位心地善良的牧师，他常常把食物和衣服分给附近贫苦的人们。他对上帝的虔诚和对穷苦大众的同情为他赢得了邻居们的爱戴。这种温和与同情心也遗传给了他的六个孩子。

提奥多鲁斯·梵高总是穿着牧师庄重的黑色外衣、干净的白衬衫，他温顺的眼神中却充满着一种对未来的肯定和坚毅。1851 年，这位在松丹特得到“英俊牧师”雅号的梵高家族成员和一位来自海牙的女士安娜·科尼莉亚结婚了。安娜是一位温婉端庄的女性，受过良好的教育，她总是全心全意地跟随着丈夫，努力经营整个家庭。值得一提的是，她在操持家务之余，也创作出一些水平极高的画作，她尤其喜欢画花卉静物素描。这样一种艺术气质的养成与她的家庭背景密不可分。

海牙是一个艺术的圣地，那里画家云集、画廊众多，在海牙居住的人对于绘画的热情堪比巴黎。安娜·科尼莉亚的父亲威廉·卡本特斯是海牙生意兴隆的书本装帧师。他技术精湛，眼光独特，甚至还装订了荷兰的宪法，并因此被称为荷兰“国王的装帧师”。老卡本特斯也是一位热爱艺术的人，与海牙很多画家都有来往，他的另一个女儿也嫁进了梵高家族，成为文森特·梵高，也就是古比尔公司老板的妻子。

这样的结合无疑让梵高家族在海牙的地位更加稳固，安娜的儿子们一直受到古比尔公司的关照和影响也成了理所当然的事了。卡本特斯家的后代中，还有捷特·卡本特斯。她是老卡本特斯的外孙女，后来嫁给了海牙画派的代表画家安东·莫夫，就这样卡本特斯家族的艺术地位逐渐在荷兰确立起来。然而老卡本特斯的家庭也有不幸，他的小女儿患有癫痫病，这证明了这个家族有癫痫病的基因，而这种基因后来偏偏又在安娜的一个儿子和一个女儿身上显现出来，我们伟大的梵高就是那个可怜的儿子。

天才的出生

松丹特是一个位于荷兰布拉邦特省的村落，距离比利时很近。这里生长着茂密的松林和一丛丛的橡树，远处有起伏的原野、黄色的沙土以及黄昏时的夕阳，这一切交织出一幅迷人的乡村图景。松丹特教区的牧师住宅是座木质结构的房子，与市场和镇公所隔着一条马路。二十五年来，提奥多鲁斯·梵高的家就在这里。

梵高家厨房的后面有个园子，园内栽着刺槐，几条小径穿过精心培育的花圃。每天，提奥多鲁斯就穿过园子后面的树丛到教堂去。教堂是一座小小的木头房子，两侧各有两扇哥特式的小玻璃窗，地板上放着十来张硬板凳，几只取暖用的炭火盆固定在地板上，后部的楼梯通向一架老式风琴。这是一个简朴的礼拜堂，属于加尔文教派。在这个小镇上，每天的传教和生活都是平静而单一的。提奥多鲁斯想，要是有一个孩子到来就好了，那样他就可以跟他讲述上帝的仁慈、家族的故事，还要让他学很多东西，好让他去荷兰最好的大学阿姆斯特丹大学念书。

1852 年 3 月 30 日，就是在这样一个安静的地方，安娜生下了她的第一个孩子。提奥多鲁斯・梵高满怀期待，打算让这个孩子沿用祖父和伯伯的名字，给他取名为文森特・威廉・梵高。提奥多鲁斯还想好，要让这个孩子也成为像他祖父那样伟大的牧师，在某个大教堂，比如圣玛丽大教堂里传教，这样梵高家族的每一代就都有一个好牧师了。

可惜，这些愿望都落空了，因为那个孩子生下来就是个死胎。婴儿到来的欣喜在一瞬间消失殆尽，死亡笼罩了这个家庭。提奥多鲁斯不停地向上帝忏悔，愿上帝对他仁慈一点儿，无论如何不要剥夺他做父亲的机会。同时，他

梵高在松丹特的家

也祈祷，愿这个未在世上待过一天、也没有任何过错的孩子能够去到上帝身边。而年仅二十多岁的年轻母亲受不了这样的打击，陷入了深深的哀痛之中，她织好的小衣服、缝好的小被子整整齐齐地躺在小木床上，可它们的主人却从未把它们穿起来过。此后很长一段时间，松丹特的居民看到的牧师和他的妻子都神情呆滞，精神萎靡，但在面对教徒和邻居时，他们仍然是温和的，不过这也掩盖不了他们神色之间的疲惫。

一年后的同一天，又一个梵高家族的新成员来到了这个家庭，牧师夫妇在欣喜之余对他倍加疼爱。为了弥补上一个孩子给这个家庭带来的缺憾，这个孩子一出生便被慎重地冠以他死去哥哥的名字——文森特·威廉·梵高，他就是日后凭借其热情且疯狂的生活和艺术被世人永远铭记的梵高。小梵高长得很健康，红色的头发竖立在脑袋上，脸色红润，胳膊和双腿都强壮有力，他和梵高家族的任何一个婴儿一样长着一副招人喜欢的模样。

但是，梵高的到来并没有给他的家庭带来多少喜庆的气氛，每次看到梵高哭闹、翻身，甚至是他的每一个动作，他的父母都情不自禁地想到与他同名的哥哥，接下来便是一阵长长的哀叹。也许就是因为他的父亲和母亲还沉浸在

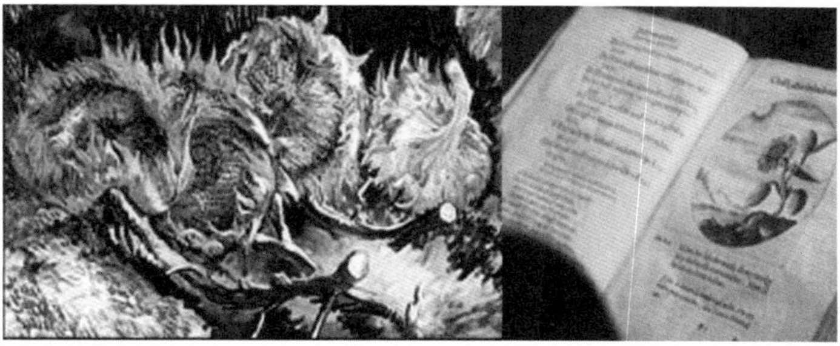

梵高家墙上的画。梵高的父亲是个传教士，梵高深受父亲的影响，也曾立志要成为传教士。父亲的墙上挂着一幅圣经内容的画，里面就有向日葵。向日葵总是朝着太阳，代表着虔诚的信仰。

失去上一个孩子的悲痛之中，梵高空白的心里在一出生时就被涂上了阴影。他没有学会父亲的坚毅，也没有学会母亲的细腻，他不懂父母为什么常常突然难过起来，所以他索性不去管父母，做自己喜欢的事情。大概也是由于受北欧阴冷湿润气候的影响，他喜欢孤独，从来就不善于面对人。

两年后，当安娜终于渐渐从丧子的悲痛中缓过来，她的女儿安娜、伊丽莎白、威廉敏娜和儿子提奥相继出世，父母不得不为了一个个小生命尽心竭力，把稍大一些的梵高放在了一边。就这样，梵高在婴孩时代的啼哭并没有得到家庭太多的关注，而他却偏偏天生就那样急切地渴望得到爱护。所以在弟弟妹妹出生以后，习惯了做自己事情的他也不习惯像一个有担当的哥哥那样疼爱夺走母爱的弟弟妹妹们，甚至在父母终于有空关心他时，都显得非常不自在甚至给予他们无情的回击。对于年幼的梵高来说，父母的时间被拿走了大半，也许一同被拿走的还有来自亲人的亲密和温暖。这一现实给了梵高一生极大的影响，直到二十年后，梵高回忆起他缺乏母爱的凄苦童年，在给他最信任的弟弟提奥的信中还写道：“一颗发芽中的种子不该暴露在寒风中，但那就是我生命的初始情况。”

梵高的童年时光

虽然梵高一直感觉不到，但其实，梵高善良的父母是最疼爱梵高的。在他们子女众多的家里，孩子们嬉戏和玩耍总是遭到父亲的大声呵责，而这些大声呵责却从来不针对梵高。梵高平日里就很安静、乖巧，可是他任性起来却脾气极大。有一天，外祖母来到松丹特探望他们一家，正好碰上梵高发脾气。外祖母把梵高推到门外，生气地对他的母亲说:“哎呀，我养了十二个孩子，从来没见过这么任性的家伙，可得好好管教啊!”母亲轻叹一声没说话，一来她不舍得管教梵高，二来她最了解自己的孩子，梵高生性善良，从不伤害别人，如果他发脾气，那一定是别人打扰了他。

梵高平时最喜欢避开那有着笔直的街道和井然有序的小屋的村庄，通过丘陵和山谷寻找他去郊外的道路。他每次独自出去总能发现很多令人惊奇的东西，他知道最美的花朵长在哪里，对于鸟类，他知道它们筑巢或生活的地方。如果看到一对云雀降落在麦田里，他知道该怎样接近它们而不折断周围的禾苗。梵高对小虫、小鸟最友好不过了，他把遇到的各种小虫带回家，一条条放进小盒里，排在一张白纸上，还用笔写下来他给小虫起的各种各样好听的名字。

那时候，梵高没有留下一幅钢笔或铅笔的素描。这个未来的大画家当时并没想画画，只是怀着一颗童真的心体验生活。不过梵高对自然的审视向来是这么执着。我们可以想见或许就是从那时开始，梵高的心中有了向日葵，有了星空，有了属于他自己的世界，他的眼睛总是能敏锐地捕捉到他关心的东西，而不管是什么，一旦入了他的眼就似乎不可避免地成为他的艺术。

当然这样细致的观察也与他幼年的经历有关。他曾随伯父们居住在拥有丰富藏画的布林旋哈维的别墅里，他们经常一起去看画，带着这样一双看画的眼睛去看待自然，这样我们就不难想象为什么梵高眼中的世界如此不一样了。有时，梵高也悄悄动笔，画一些素描和水彩，从此便有自然能够了解他的心事了，他可以通过画画和自然对话。这时，他的叔叔伯伯们还没有给他任何绘画上的指导，他只是凭借感觉表达自己的内心。

八岁那年，梵高稚嫩的小手画出了第一张素描：冬天的花园里，一只猫在光秃秃的苹果树上疯狂地飞奔着。梵高对艺术感觉的自然表达是如此惊人，这使得他那具有绘画鉴赏力的母亲大吃一惊，那些线条和阴影的运用表现出了梵高幼年时期惊人的洞察力和天赋。素描是使人极度劳累的一个画种，它比油画更让人劳累。翻开梵高上百幅童年的素描画作可以发现，当时的梵高很健康，下笔有力，而且极具耐心，冷静让他有比同龄的孩子更镇定的笔触。在此之前，历史上还从来没有过一位艺术大师在这样的年龄就画出如此惊心动魄的作品。

母亲夸奖他画得好，并让他把画拿给弟弟看看。可是梵高却不知道该如何应对别人的表扬，敏感的梵高把自己的任何情感都无限放大，作为本能的抵触，他红着脸把画撕成了碎片。这件事让他在家人看来显得越发奇怪了。弟弟妹妹们不敢接近他，却常常偷看他画的画，不管是画花朵还是桥梁，画猫狗还是小鸟，这些画总是那么富有感情。只有在这些画面的感染下他们才肯承认他们那红头发、穿着邋遢衣服、孤僻而暴躁的哥哥并不是野人。

13岁的梵高

由于性格孤僻，梵高和另外几个弟弟妹妹们的关系始终处不好，唯独和弟弟提奥感情深厚。没有人知道为什么，他们俩总愿意待在一起，他们常常相约去莱斯维克的那个磨坊里玩。仲夏时节，他们躲在高高的麦子中间玩耍。提奥仿佛能读懂梵高的心思，当梵高突然安静下来专注地看着那些金黄色的麦子时，提奥就在旁边默默地看着，他不像其他人那样把梵高当成小疯子。梵高因此也愿意和提奥说话，他们常沿着溪边的小路散步，计划着怎样度过一生。

欢乐的童年时光总是很短暂，十一岁时，梵高被送到泽芬伯根寄宿学校读书，对他而言，这样的经历中唯一的缺憾就是少了提奥的陪伴。在学校里，他被更多人视为“小野兽”，因为他喜欢一个人想问题，少言寡语，同学们渐渐对他避而远之。但梵高对此倒是毫不在乎，他还在那所学校里随手画了一些画。同时，梵高家族遗传给了他一个绝顶聪明的大脑，没过多久，他因为成绩远远超过其他学生，被父母接回家自学了。

因为梵高最小的弟弟科尼利斯・梵高就要出生了，家里的空间和父母的精力似乎都装不下这么多年龄段的调皮孩子，加之梵高到了该上学的年龄，所以同年，他又被送入蒂尔勃格的文法学校学习文法。在那里他学习了法文、德文和荷兰文，梵高对于知识并不排斥，他学得非常认真。

但他在那里也没有待太久，他认为学习的同时还应该做更多更有意义的事情，而在文法学校里从早到晚只能对着那些书本。他恳求父亲让他做一些别的事情，父亲知道执拗的梵高一旦决定了什么事情就很难再改变心意，也就只好和文森特伯伯打了个招呼，决定在第二年让梵高进入古比尔公司在伦敦的分公司学习经营画商的生意。

第2章：对梦想的探索

画商的潜质

古比尔公司在伦敦的分公司主要经营艺术品和版画生意，简单来说，就是以低廉的价格从艺术家或者画家手里买来一些作品，然后隆重地装帧，再把它们挂在富丽堂皇的古比尔画廊里，最终以十倍、甚至百倍的价格卖给伦敦那些毫无鉴赏能力却又爱在家中挂满画作附庸风雅的富人。梵高就在这里工作。因为梵高的伯伯文森特是古比尔公司的大股东，这里的同事对梵高都很友好，梵高也一改小时候的孤僻，常常和他们谈论欧洲各个地方的风土人情。梵高在这里的工作让他觉得挺开心，这主要得益于一个名叫乌苏拉·罗伊尔的女孩儿。

在古比尔公司的几年里，每天梵高手中都有几十幅画作被收购或者卖出，梵高总是虚心地向来画廊里的著名画家学习，但暗地里他也固执地坚持自己的见解，乌苏拉就是他忠实的听众，虽然乌苏拉并不怎么懂艺术。

这样长时间的历练让梵高对于这里流通的画作和来往的顾客有了极准的判断力，他很好奇，为什么很多顾客总能准确地挑中最差劲的画作。不论如何，他知道这些人并不是真正懂艺术，他们只是为了装作他们懂艺术，所以他只管在公司里辛勤工作，向顾客们解释每一幅画的内容和意义。他口才不错，似乎生来就有当画商的潜质，顾客们也总是满载而归。就这样，梵高在二十二岁时得到了一个绝佳的晋升机会，他可以离开普通的陈列室而到版画陈列室去，在那里他将有机会卖出更多的画，得到更多的薪水。梵高认为，他真正的人生已经开始，他要去做一件大事情，那就是组建一个家庭。

在古比尔公司工作的日子里，梵高一直租住在一位牧师的遗孀和女儿家中，那家的女儿就是乌苏拉，她是一个有着褐色卷发、活泼可爱的女孩子。每天早晨乌苏拉都会做好早饭等梵高起床，两人边吃早饭边聊聊伦敦市里发生的新闻；黄昏时，梵高下班回来，他们俩就一起到湖边去散步。对于梵高来说，这恐怕是第一次被一个女孩儿这样无微不至地照顾，在感动之余，梵高认为如果人世间有幸福，就该是像他现在这样了。乌苏拉很爱笑，也许就是她的笑容使梵高也变得快乐起来。

在梵高获得晋升，也有了更多薪水之后，他认为是时候把他和乌苏拉在一起的美好时光延长到他的一生了。这天，梵高下班后照例回到他租住的房子里，但这次他给乌苏拉带来一幅画，那是梵高拜托他的一位艺术家朋友专门为乌苏拉画的画像，乌苏拉非常开心地把画像挂在了她讲课的教室里——乌苏拉在她的家里开办了一个只收男孩子的幼儿园。在他们走出教室时，平日伶牙俐齿的梵高结结巴巴地对乌苏拉倾诉了他想要和乌苏拉共度一生的心意。

十九岁的乌苏拉吓了一跳，接着她定了定神，告诉梵高，她一年前已经订婚了，而且她以为梵高知道这件事。梵高被这一拒绝弄得手足无措，从小孤僻的他刚刚信心满满地准备好开始自己的人生却遭到了意想不到的打击。然而梵高并不是一个轻易放弃的人，他很快冷静下来，当他再想说什么时，却被乌苏拉冷冷地制止了。

梵高心灰意冷，他第二天早上依旧去古比尔公司上班，但是那里的画作看起来比以往更加差劲，他也无法耐心地向伦敦那些愚蠢的富豪或是太太们解释每一幅画。他的心不在焉随着乌苏拉对他的躲避愈演愈烈。

一天，一位身着貂皮大衣的肥胖的太太来到店里，她指手画脚地告诉梵高她要哪种风格的画作装饰她的新居，又怕众人不明白她的阔绰而不住地强调不必考虑价钱问题。而当梵高把最上乘的画推荐给她时，她又不理睬，只是自顾自地瞧着另一些画展示起她的评论功夫来。她挑了一阵又说了一阵，然后转过头等着梵高的赞扬，可是梵高本来就不喜欢奉承这些肤浅的富人们，加上内心沉郁，他破天荒地说出了内心真实的想法："您闭着眼睛挑也不会挑得比现在更差了。"这句话让那位太太暴跳如雷，她指着梵高的鼻子大嚷："你这个乡巴佬！你懂什么？竟然敢这样侮辱我！"经理奥巴赫得到消息立刻赶过来，要求梵高道歉，可是梵高拂袖而去。接下来的几天梵高没卖出一幅画，他告诉每一个前来买画的人，画廊里这些画真正的意义和价值究竟有多少，顾客自然也就不买了。奥巴赫着急了，可又拿梵高没有办法。

当天晚上梵高回到他的住处，却不见乌苏拉。乌苏拉的母亲告诉他说，他必须立刻搬离这幢房子，因为乌苏拉的未婚夫就要从威尔士回来了，梵高租住的房间原本是乌苏拉的未婚夫住的。这些天来，梵高始终固执地认为，乌苏拉最终会被他的爱感动而选择和他在一起，然而今天的最后通牒让梵高彻底绝望了。

他收拾好东西，回了一趟松丹特，他慈爱的母亲还是那么包容他，大概是因为这几年间提奥和梵高一直通信，母亲从提奥那里得知了梵高的一切。她一边安慰梵高一边劝说他娶一个荷兰女孩儿，梵高却听不进去。父亲知道了梵高在古比尔公司的事，向梵高暗示，让他考虑选择在荷兰进修然后成为一名牧师，在父亲看来，梵高家族的每一代都应该有一个好牧师的。然而梵高坚定不移地要回伦敦去，他认为只有活在有乌苏拉的城市里他才有生命，为此，他宁可忍受古比尔公司那些虚伪的面孔。家里的另外几个弟弟妹妹们并不挽留梵高，梵高对于他们来说一直就是住在一个家里的陌生人。梵高匆匆收拾了行李，又返回了伦敦。

雪中纽南牧师住宅里的花园

从画商到牧师的转变

失去乌苏拉以后，梵高开始思考他在古比尔公司工作的意义，仿佛以前违背自己的心意在那里工作只是为了和乌苏拉在一起，或者说，是和乌苏拉在一起的快乐掩盖了他内心真实而强烈的对古比尔公司的排斥。回到伦敦之后，梵高径直来到古比尔公司，找到了经理奥巴赫。奥巴赫还在为上一次梵高毁掉他的大生意而生气，他不禁对梵高大发牢骚，警告说，如果这样的事情再发生，他将写信给文森特，说明他不能再留下梵高。

然而梵高并不理会，他推开奥巴赫办公桌上乱七八糟的文件，双手支在桌上认真地望着奥巴赫说道：“奥巴赫先生，我想请您回答我几个问题。”奥巴赫被这突如其来的严肃打断，只好示意梵高说下去。梵高皱着眉头说：“一个人怎么能用他仅有的一生来向愚蠢的人出售拙劣的画呢？

我们怎么可以靠出售这些无聊的画来牟取如此高额的利润？为什么只有那些不懂艺术、贪婪自私的资本家可以来到这里，而真正有艺术鉴赏力的穷人却拿不出一分钱来买这里的一幅画挂在他们自己的墙上？”奥巴赫并不想回答他的问题，只是困惑地望着他，说：“你是想要追求社会主义吗？”

梵高没有得到他想要的答案，他回到新租住的屋子，翻开一本又一本的书籍，他炯炯有神的双眼似乎想要从书里面找出所有让他困惑的问题的答案。他翻开一本《里南文集》，读道：“人须克制私欲、贬抑自我，才能品行端正。人生在世不可只图享乐，为人诚实亦不应是唯一目的。人生在世应对人类有重大贡献，超脱于一切世人均在其中苟且偷安的粗俗，以求达到崇高的境界。”他在这里做下了一个重重的记号，怎样才能对人类有重大的贡献？如何才能达到书中所谓的崇高的境界？他不停地思索着这些问题，一时还没有想清楚，然而他明确地知道，无论怎样，继续在古比尔公司工作绝对不能让他完成这一切。他边想着，边出了门，不知不觉又来到乌苏拉家的门口。

梵高自顾自地笑笑，心想，待在伦敦是没有什么意义了。第二天，他便去了荷兰。奥巴赫经理写了一封信给梵高的伯伯，说梵高在画廊最忙的时候不打招呼就自己休假去了。这位文森特伯伯觉得梵高是厌倦了伦敦的生活，便打算把他安排到巴黎夏普塔尔街的中心陈列馆工作，这是一个既清闲又能长见识的活儿。谁知梵高回信告诉文森特伯伯，他和这种美术商业的缘分就此了结。这叫文森特伯伯伤透了心，他声称从此再不过问梵高的事情。然而，圣诞假期过后，疼爱梵高的文森特伯伯还是作保给这个与他同名的侄儿在多德雷赫特的一个书店谋到一份店员的差事。这便是这两位文森特·梵高最后一次打交道。

在多德雷赫特的生活说不上好也说不上坏，因为梵高的心思完全不在那里。一天晚上，他由多德雷赫特乘车到了奥登博斯，然后步行回到了松丹特。松丹特寂静的夜色还是和他小时候一样，像极了父亲书房里挂的画，他小时候就总盯着看那幅画，他常想若是有一天能把他看到的东西画进画里，让别人也看到他眼中的东西该有多好。梵高在松丹特待了几个月后，梵高一家便离开了这个居住了二十几年的地方，他们迁往了埃顿小镇。

埃顿是一个离松丹特仅有几公里远的地方，一列蒸汽火车把它和几个重要的城市连接起来，这里便不算偏僻了。梵高的父亲被任命为这里的牧师，对他来讲，这是一次小小的晋升。一切安顿好之后，这位年迈的父亲不得不和梵高重提他的职业问题，他在和梵高散步时说道："你如此善良，又愿意为全人类做贡献，你的心在把你引向侍奉上帝的事业。"梵高犹豫地回答："我知道，父亲。"他的父亲接着说："那么，为什么不到阿姆斯特丹去学习呢？那里有荷兰最好的大学，你将来可以成为一位像你祖父一样伟大的牧师。"梵高心里也在斗争，好像侍奉上帝确实是一个不错的选择，可是梵高总是觉得还有别的事情可以做。这一番谈话又无果而终。

约翰叔叔在秋季的来访将站在人生十字路口的梵高向前推了一把，当然，是推向了牧师。"梵高，我在阿姆斯特丹的家里已经预备好一个房间，等你去呐！"约翰叔叔说。"你的姨夫，就是那个荷兰最好的牧师斯特里克牧师来信说，他保证可以给你请到优秀的私人教师。"母亲补充说。梵高知道，这是他可以受到的最好的教育了，梵高和斯特里克两家都愿意接待他，愿意用金钱、书籍和亲情鼓励他、帮助他。然而他还是觉得自己有些事情还没有做完，但也不清楚到底是什么事。也许是乌苏拉，她现在还没有结婚；也许是梦想，梵高其实并不确定自己是否真的想成为一个牧师。他需要再等一等，一个人静一静。在回复了几则报纸上的招聘广告之后，他找到了一份在伦敦附近的城市拉姆斯盖特当教师的工作。

梵高在这所学校里教二十几个男学生法文、德文和荷兰文，这些知识梵高在十几岁时就在文法学校里掌握得很好了，在伦敦工作的几年间他也没有放弃过学习，所以他教起书来得心应手。然而这所学校的校长很吝啬，只管梵高的吃和住，不给工资，梵高这么大了也不好意思再由家里供养，所以他只好不买新衣服也不买烟。每个周末，他就步行四个半小时到伦敦去，远远地看看乌苏拉家的宅子，回忆那段短暂的愉快时光。可是在伦敦，梵高没有钱，买不了食物也住不了店，几个月下来他饿得面黄肌瘦，红色的头发耷拉下来，他再一次被周围的人当成了疯子。

这样的生活很难再继续，几个月后，梵高在琼斯先生的卫理公会学校找到了一份支付薪水的工作。学校在伊斯莱沃思，琼斯先生是位大教区的牧师。他本来是雇用梵高做教师的，然而不久就把梵高调去当乡村副牧师了。一个星期日的晚上，做礼拜时，牧师装作很疲乏的样子靠近他的副牧师，说："梵高，我今晚累得很，你不是一直在写演讲稿吗？说一篇给我听听吧！我想要知道，你将成为一个什么样的牧师。"梵高登上讲坛，紧张得直哆嗦。他的脸胀得通红，只得凭着记忆把他曾仔细修饰过的、在纸上又那么工整地抄下来的句子背出来。但是，通过这些断断续续的话语和笨拙的手势，他觉得自己心中的热情迸发了。“讲得好，梵高。”琼斯先生说，“我下周将派你去里士满演讲。”

从伊斯莱沃思到里士满要经过怀特地区，那个地区的街道臭气熏人，众多的家庭挤在不御风寒的简陋住房里。人们个个面带病容、眼露饥色。许多学生的家里经营着政府禁售的病畜肉买卖。梵高来到那些衣不蔽体的人们家里，他们的餐桌上只有索然无味的稀汤、干面包皮和腐败的臭肉。他倾听他们诉说自己困窘的生活处境直至深夜。梵高隐约有了一个想法，也许他应该成为一名福音传教士，这样他才能替上帝安抚这些穷困的人们，他们才是最需要上帝的宣讲的人。

梵高在里士满演讲了几次后，里士满的人们写信给琼斯先生，表示他们喜爱这位年轻的荷兰传教士，因此好心的琼斯先生决定好好栽培梵高。琼斯先生在特思海姆格林的教堂是个重要的教堂，那里的教徒众多，又爱挑剔，要是梵高能在那里宣讲成功，他就具有到任何一个讲坛上布道的资格了。这天，梵高精心地挑选了圣经《诗篇》第

119 章 19 节“我寄居世间如客旅，求你不要向我隐瞒你的诫令”进行宣讲。他热情洋溢地讲述着。他的年轻，他的激情，他那蕴含在笨拙举止中的力量，他那饱满的额头和那双聪明的眼睛，给教徒们留下了极好的印象，他们纷纷上前感谢他的启示，他也感动地和他们握手，梵高将要顺理成章地成为一名牧师了。然而这时，有消息传来，乌苏拉结婚了。梵高什么也没有说，他立刻收拾了东西，永远地离开了英国。

《圣经》

想当福音传教士的日子

梵高来到了海牙，接待他的是他伟大的海军司令叔叔约翰尼斯·梵高。为了表示对侄子的欢迎，他穿上了漂亮的礼服，佩戴着金色的肩章。他把梵高接到家中，将梵高安置在一间有落地窗的房间里后，两人便闲聊起来，约翰尼斯说："听说你已决定学当牧师了，这真叫我欢喜，梵高家每一代总是有个从事神职的人。"梵高回答："其实我想做个福音传教士，您知道，我希望马上就开始工作。"约翰尼斯却不以为意："哦，梵高，你千万别去当什么福音传教士，他们全是没有受过教育的人，天晓得他们传的是什么教！不，我的孩子，梵高家出来的牧师都是大学毕业的。你一定累了，先休息吧。晚饭八点钟开。"说完他便走了出去，留下梵高一人在房间里静静地思考，一缕忧伤又拂过他心头。

梵高把箱子里的东西都拿出来放好，又到街上选了几幅画回来挂在墙上，他一直习惯在墙上挂些画，否则就觉得房间里有些冰冷。他正躺在床上发呆，他的姨夫斯特里克牧师敲敲门走了进来。斯特里克见到梵高很是开心，简单地问候之后便说："我已经聘请曼德斯·德科斯塔做你的拉丁文和希腊文教师，他是我们这里最精通古典语言的学者之一。他家住在犹太区，你星期一下午三点就去上第一堂课吧。"梵高很是感激。在聆听了姨夫出色的讲道，又拜访了小姨一家之后，星期一很快就到了。

初次见面时，曼德斯就使梵高想起吕波莱兹笔下的基督画像。这位老师是典型的犹太人，他有深陷的眼窝，超凡脱俗的面孔，还留着早期犹太智者留的那种柔软的尖形胡须。在他的指导下，梵高非常刻苦地学习，每天天不亮就起身读拉丁文的《圣经》，当他看到窗外船厂的工人开始上班了，便离开窗口去吃早餐，接着，他便坐下来开始学习拉丁文和希腊文的文法和词汇。午后三四点钟的犹太区又闷又热，学完七个小时的希腊文和拉丁文，梵高又用了更多的时间学习荷兰史和荷兰文法。这时他往往已经头晕脑胀，但每天学习完毕，曼德斯都愿意和梵高交流一些关于画的想法，这让梵高立刻恢复了精神。

这样的日子持续了四个月，梵高似乎在通往牧师的路上走得一帆风顺，但只有他自己知道，他常常怀疑自己是否选择了正确的道路。这段时间，他和曼德斯老师已经很熟悉了，他们两人也常常谈论关于人生的事，梵高觉得这位老师总是能够给他启发。一天，梵高和曼德斯老师散步时路过了一个锯木厂，这里的工人们住在拥挤脏乱的房子里，每天还要干十几个小时的重活儿。梵高同情地说："这样的地方人们才更需要心灵的引导吧，斯特里克姨夫的教堂里的会众诸事顺遂、受过良好教育、养尊处优，有哪个是需要安慰的呢?"老师回答："是呀，这里的百姓比咱们城区的朋友们更需要上帝和宗教的关心。"

梵高想要成为福音传教士的念头在这一瞬间又强烈了起来，他兴奋地把那个在他心头萦绕已久的问题再次提出来："曼德斯先生，一个人可以违背社会的期许而选择一条自己更可能成功的道路吗？如果最后结果证明他是错的，而社会对他的谴责是对的怎么办呢?"曼德斯郑重地回答："社会如何对待他，那是无所谓的。比如说我们以前讨论过的伦勃朗，伦勃朗不得不画，有了绘画他才成其为一个人，至于画得好不好是无关紧要的。艺术的主要价值在于艺术家把自己的内心表达得怎样。伦勃朗实现了他所认定的生活目的，而这就使他感到欣慰。即使他的作品毫无价值，他作为画家所取得的成就也远比那些放弃自己的梦想而去阿姆斯特丹赚钱的商人要高出千百倍。”

他们又走了一会儿，梵高细细咀嚼着老师的话，突然他觉得他二十几年的生命都浪费了，他急切地问曼德斯先生:“如果我觉得我不适合做一个养尊处优的牧师，我可以放弃吗?”曼德斯似乎预料到了这一点，他镇静地回答:“你可以返回伦敦去做福音传教士，或者到店铺工作，不然就到布拉邦特去当个农民。无论你做什么都会干好的。我知道你本身所具备的素质是好的。你在一生中也许会时常觉得自己不行，然而你最终一定会表现出你内心的一切，而那就是你一生成就的证明。”

这一番话让梵高内心澎湃，然而他当时还不知道，这番话就是他一生的写照。那一晚之后，梵高顾不得他的叔叔和姨夫已经在他身上花下的大价钱，也顾不得父亲和邻居对他的责难，他收拾了行李，辞别了海牙的老师和亲人，来到了比利时福音传道委员会在布鲁塞尔开办的一所福音传道学校。如果梵高能在这里修满三个月并顺利毕业，他就能去比利时当一名福音传教士了。

和蔼的皮特森牧师很喜欢梵高，他们一起走出教堂时他对梵高说:“我很高兴你和我们一起，在比利时有很多高尚的工作等待我们去做，从你的热情可以看出，你是很有资格来承担这样的工作的。”梵高也开心地以为他真正的人生将从这里开始。然而并不是学校里所有人都喜欢梵高，和梵高一起的两个学生是两个比他先来的年轻农村小伙子，这两人竟然一起嘲弄梵高。一开始，梵高并无戒心，他诚恳地告诉他们，他希望让肉体自我死去，用灵魂接近上帝。后来一看到梵高在用心地准备演讲，那两个小伙子就会挑衅地问:“你在干什么，梵高？你在让你的肉体死去吗？哈哈。”

最可气的是，负责检查这三个小伙子演讲的是另一个牧师，这个牧师每天对自己不能当上主教区的牧师而忿忿不平。所以在听三个人演讲时，他并不太用心听内容，只看谁的表情更严肃，谁的声音更大。就这样，梵高每天用心写好稿子，语言诚恳又深刻，可是他害怕另外两个同伴嘲笑他，所以在演讲中总是犹犹豫豫，而另外两个小伙子平日里不学无术，倒是抓对了牧师的脾气，演讲时慷慨激昂。三个月过后，他们俩人顺利地毕业了，而梵高却没能拿到资格证书。

好心的皮特森知道发生了什么，特地邀请梵高到家里做客。他看似不经意地说道:“博里纳日是个产煤的矿区,在这个地区,几乎所有的男人都下矿井。他们在不断发生事故的危险环境中干活儿,但工资却低得难以糊口。他们住的是破烂的棚屋,他们的妻子儿女几乎一年到头都在忍受着寒冷、热病和饥饿的煎熬。梵高啊,如果有一个地方的人们需要有人向他们布道,使他们得到安慰的话,那就是博里纳日的人们。”

梵高的内心突然振奋了,这就是他一直以来想要做的工作啊。可是在取得福音传教士资格以前,他领不到薪水,也就是说,他还得靠父亲养活,这让梵高心里十分难受。皮特森似乎看出了梵高的心事,他拍了拍梵高说:“别担心,几天前我写信向你父亲说明了情况,今天下午他的回信来了,信里说他将负担你在博里纳日的生活费用,直到我替你弄到固定的职位为止。”梵高抑制不住自己内心的激动,他很感激皮特森跟他说的那句话:“只有上帝才是我的最高审判者,为了使你能到他们中间去工作,任何手段都是正当的!”

火车载着梵高来到了博里纳日的小瓦姆村,那是个矿工村,面包师丹尼斯的太太早已写信给皮特森牧师,表示愿意为这位从镇上来的传教士提供食宿。丹尼斯太太是个和蔼的人，她关切地问了问梵高的过去，表示对他的欢迎，接着便开始忙碌着准备晚饭。她边准备晚饭边随口说道：“我们这里有个叫雅克·维尼的人，也是个大好人。他是靠个人奋斗发迹的，不过，与其他发家以后就看不起工人的人不同，他仍然是矿工们的朋友。可惜他活不久了，得了肺病。不过这也是这里下过井的矿工都要经历的。”梵高心里很不是滋味，他想要去矿工们的家里看看。雅克这天碰巧到丹尼斯太太这里来，便带着梵高往德克鲁克家去了。

德克鲁克见到这位福音传教士，立刻激动地说：“梵高先生，您来这个地方来对了，在博里纳日我们连奴隶都不如，我们被当成牲口使唤。早上三点钟我们就从马卡塞下井了，中间吃饭的时间只有十五分钟，然后就一直干到下午四点钟。地底下又黑又热，先生，我们不得不光着身子干活，空气里又充满煤尘和毒瓦斯，我们都没法呼吸！但是我们所得到的报偿仅仅是一间小棚屋和仅够糊口的一点食物。我们吃的是发黑的面包、变味的乳酪，喝的是清咖啡，一年大概就能吃上一两次肉。要是哪天，他们突然连一天五十个生丁的工钱也不给我们的话，我们就得饿死！但那样我们也就没法去给他们挖煤了，这就是他们不能把报酬减得再少的唯一原因。”听着这些话，梵高只能不停地叹气。

在接下来几天的接触中，他发现矿工们都没有受过教育，虽然目不识丁，可是他们在所从事的艰难的工作中却显得勇敢、坦率并且容易被感动。梵高精心地挑选了《使徒行传》第十六章第九段作为他初次讲道的主题“在夜间有异象向保罗显现：有一个马其顿人站着求他说，‘请你到马其顿来帮助我们’。”梵高对众人说道:“马其顿人也是一些受苦受难的工人。他们也有聪明才智和魅力，但更是由于他们有不朽的灵魂，上帝愿意引导他们，上帝希望人类都像耶稣基督那样谦恭地做人，终生不去追逐大而不当的志向。”他的讲道很成功，工人们都很喜欢这位福音传教士，常常邀请他到家里做客，而梵高也总是把剩下来的食物和水分给矿上的工人。

夏天，黄热病开始流行，村里死了很多人，梵高便没日没夜地照顾他们，为他们讲道。他把父亲寄来的钱全部买了食物给村里的人，在下一次钱寄到之前，他身无分文。这样的生活持续了几个星期，终于他病倒了，发烧使他昏昏沉沉。他由于营养不良、睡眠不足而衰弱不堪。村子里接踵而至的灾难让他几近崩溃。幸运的是，丹尼斯太太和

梵高笔下的海牙《暴风雨中的施维宁根海岸》

村里的人都尽了全力来保护他，终于他们熬过了大半年，到第二年春天来临的时候，他们以为自己已经通过了上帝的考验，好生活就要来临了。然而这天，工人们在下井的时候发生了瓦斯爆炸，包括德克鲁克在内的五十七名矿工丧生在煤矿底下。他们的家人围在矿井旁边，却无法营救，矿场的主人甚至不肯挖出死者的尸体，只是给了家属们一笔钱，便再也不管了。梵高和几位尚有精神的家属在一个肮脏破旧的地方为他们举行了丧礼，只有这里能容下那么多人。

梵高无力阻止类似惨剧的发生，因为矿工们为了不饿死，还得继续在这样的环境中干活，因此梵高想要和矿场主人谈判的企图也破灭了。他第一次觉得，对矿工们来讲，他再也没有什么用了。他们之中的一半人随时都有意外死亡的危险，而其他的人也都逃脱不了死于长期肺病的厄运。他帮不了他们什么忙，甚至上帝也帮不了他们的忙。他到博里纳日来传布福音，使《圣经》深入他们心中，但是不断给矿工们打击的敌人并不是矿场主，而是全能的上帝自己。他再也不愿意去做那种说教了，此时此刻，福音书又有什么用处呢？上帝对矿工们的苦难置若罔闻，梵高的虔诚也没有能打动他的心。他突然明白了，没有什么上帝，只有饥饿、悲惨、痛苦、残酷和无尽无休的混乱。

伦勃朗（1606—1669），荷兰画家，在欧洲绘画史上的地位和意大利文艺复兴时期诸巨匠不相上下。1606 年 7 月 15 日生于莱顿，1669 年 10 月 4 日卒于阿姆斯特丹。伦勃朗的伟大之处在于他擅长将自己的特殊心魂以一种特殊技术——明暗法来表现。个人生活的不幸和折磨，使他更深刻地去观察和理解社会，艺术创作也进入一个深化的阶段。史诗性杰作《夜巡》问世却不被人理解，使他后来进一步突破了传统画法，开始时不被订画者接收，一度形成僵局。伦勃朗晚年生活困难，家产被拍卖，最后悲惨地死去。

散着头发的女子头像

艺术家之梦

几个月前，梵高收到了弟弟提奥从巴黎寄来的信，提奥恳求他不要在博里纳日浪费时间，而要利用信中寄去的钱另谋生路。梵高把钱转交给了丹尼斯太太。他留在博里纳日并非因为喜欢它，而是因为他不知道要去哪里，他失去了上帝，同时也失去了自己，现在他还失掉了唯一的一个真心同情他又能像他所希望的那样去理解他的提奥。以前的冬天，提奥每周都要给梵高写一两封充满友爱和关切的长信，现在这些信都不来了。所以，梵高成了孤零零的一个人，他成了一具行尸，他奇怪自己到底是为什么活着。

有一天，梵高在丹尼斯太太家里找到几张干净的白纸和一支粗铅笔，他突然怀念起那艺术的世界了。从前，他是多么熟悉伦勃朗、米莱、德拉克罗瓦等人。他想起自己曾一度拥有的所有那些可爱的画片以及他从伦敦寄给提奥的石版画和铜版画。他也想起在伦敦和阿姆斯特丹的美术馆里曾经看到过的每一幅美丽的油画。他这样想着，忘掉了一无所有的残酷现实，渐渐安然地沉入梦乡。

第二天早晨，梵高很早就醒了，他觉得自己的精神已完全恢复。他轻轻跳下床，穿好衣服，拿起那支大铅笔和白纸，在面包房找了一块薄木板，就去矿上等待着矿工们到来。一个小时过后，所有的矿工都下井去了，他已经画了五个没有面部的人物。他的解剖学概念全都不对头，比例也不协调，他的画法古怪得可笑。他也觉得自己的画似乎有些毛病，可是这些画对他来说又是神圣的，他不忍批判，而他又深知想要提高就必须有一位艺术家愿意同他交流想法。他立刻想起了皮特森先生，他是一个经验丰富的艺术家。梵高立即带上自己新近的画作乘火车来到了皮特森的家里。

皮特森非常欢迎梵高的到来，他听闻梵高开始作画了，不由得欢喜自己又有了一个志同道合的人。他细细地盯着梵高画中的妇女说："我必须诚实地告诉你，画面中的比例整个都不对，随便在哪个美术学校的初级班里，老师都会让你把它撕掉的……可是她身上有一种东西打动了我。她不是某一个特定的人，倒仿佛是博里纳日所有矿工的妻子们的概括。”梵高激动得发抖了，与皮特森先生的这次会面就是梵高画家之路的起点。这是1880年，梵高已经27岁了。人不能放弃对梦想的探索，就像梵高，若不是冒着风险拒绝听从别人的安排，他永远也成为不了伟大的画家。

这时，过去当画商、牧师、传教士的失败痕迹已统统从他的心上抹去，梵高觉得甚至连侍奉上帝也没有像创造艺术那样使他如此心醉神迷。他回到小瓦姆村，每天不停地画矿工、矿工的家人，就算当有一次他连续十一天身无分文，不得不靠丹尼斯太太借给他的一点点面包维持生命的时候，也没有抱怨过生活。他认为，要是他在精神上可以享受到这样丰富的营养，肚子饿一饿又有什么关系呢？他突然明白了，这就是他长期以来盼望的肉体的死去与精神的复活。

一天，正当梵高在他刚租下的画室——几间废弃的矿工的房子里，看一幅自己新完成的画作，一个男子没有敲门就走了进来。梵高抬头一看，是他的弟弟提奥。过去的几年里提奥大有长进，他才二十三岁就是巴黎的一个出色的画商了，颇受他的同行和家人的尊重。他谙熟社交上有关服饰、举止和谈吐方面的礼仪，和梵高形成鲜明的对比。梵高躺在一张肮脏的、光秃秃的床垫上，身上盖着一条旧毯子，脸没洗，头没梳，粗硬的红胡子长了满脸满脖子。提奥看着眼前的一切惊呆了，他心疼哥哥梵高却又不好意思说出口，他转身去村里唯一的商店买了干净的棉被、床垫，还有很多鸡蛋和蔬菜回来，堆在梵高空荡荡的画室里，便开始做饭。梵高看着提奥，开心地笑了。

提奥一边自责，一边责备哥哥："我真不知道你的情况竟然是这样，我早该想到过来看你的。你都多久没吃过饱饭了，张开嘴！不然我就把它倒进你的眼睛里。"提奥盛了一勺鸡蛋送到梵高嘴里。梵高吃完饭，在提奥买来的干净床垫上睡着了，提奥的眼睛顺着唇边的烟斗上方凝神地望着前面，他想到了在松丹特度过的童年时代。梵高在他的心目中，一向是最重要的人物，比母亲或父亲都要重要得多。他们俩总有很多想法一样，有了梵高，他的童年才过得那样甜蜜美好。可是在巴黎最近这一年的忙碌让他几乎把这些都忘了。他以后再也不会忘记了，他觉得，他是梵高的一部分，梵高也是他的一部分。他们只要在一起，生活就有意义、有目的；若是孤身一人，他也常常问自己工作是为了什么，成功又有什么价值。梵高需要有人帮他摆脱当前的困境，重新站稳脚跟，也需要有人敦促他赶紧行动，重新恢复青春活力。

梵高醒了，提奥在床前看着他，说："家里劝我来你这儿，看我能不能使你回心转意，重返荷兰找个工作。你不能再这样耽误下去了。"梵高也严肃起来："这些话都不错，提奥，他们说的话完全正确。我失去了他们的同情，你得到了他们的厚爱，其实那会使我十分快乐。我是真心实意这样说的，并且永远不会改变。不过，唯独你，我不希望你把我视为那种没出息的懒汉，这是我现在唯一的愿望。"提奥说道："在你这种年纪，赏画和读书只应当是一种消遣，它们和人生的主要职业毫不相干。快五年了，你没有职业，也没有任何目标，你在堕落。"梵高痛苦地回答："难道我们灵魂中有一团烈火，它不被别人承认，那么我们就是在堕落吗？我们不应该守护这团烈火直到别人看见了它而且用它来取暖吗？你知道，我一直以来都喜欢画画，我没有学过画画，也做了很多与画画无关的事情，但是画画从没有在我心中消失过啊。"

提奥看着眼前的梵高，还是和当年一样坚持自己。他突然放松下来："咱们把那些话都忘掉吧。尽管我整整一年没有给你写信，可那是因为忙，而不是对你不满。我一直是信赖你的，而且从童年，咱们拉着手走遍松丹特绿草如茵的高地的时候起，我就毫无保留地信任着你。如今，我

提奥照片

的信任丝毫未减。我需要的只是到你身边来弄清楚你所做的一切到头来是正确的就行了。”提奥顿了顿，又说:“我们可不可能建立这样一种合作关系，你画画，交给我去卖。古比尔公司年前又提了我的工资，我的钱超过了我的需要，在你的画卖掉之前，我会供给你所有的费用，而你的画就归我。”梵高的眼睛顿时明亮了，他说:“我一定要成为一个艺术家。我必须得做。我之所以在别的工作上一再失败，原因就在于我天生就不适合干那些事。现在我觉得我找到了这件永远不会失败的工作。啊，提奥，这扇门总算打开了，是你为我打开了这扇门，我真希望早点见到你!”他们二人开心地拥抱，当天就乘火车离开了博里纳日。

欧仁·德拉克罗瓦（1798—1863），法国著名画家，浪漫主义画派的典型代表。他继承和发展了文艺复兴以来欧洲各艺术流派，包括威尼斯画派、荷兰画派、以及P.P.鲁本斯和J.康斯特布尔等艺术家的成就和传统，并影响了以后的艺术家，特别是印象主义画家。

第3章：画家的启程

努力钻研的梵高

提奥把梵高送回了家人所在的埃顿，便回到巴黎继续工作了。梵高被他所熟悉的乡村风光迷住了，埃顿离松丹特很近，梵高童年的回忆又全部涌上心头。他沉浸在自己的世界中，他认为可以借此机会好好作画了。然而，梵高的父母可不这么想，出于对儿子的关心，他们希望儿子能早日谋到一份差事。母亲安娜甚至觉得，这样闲散的生活带给儿子的多半是痛苦而不是欢乐，因为梵高家的人骨子里都是骄傲的，梵高这样躲避现实只能是一时，不能成为长久之计。而父亲提奥多鲁斯反对儿子这样生活则还有一个原因，就是他知道上帝不喜欢梵高这种邪门歪道的生活方式，他最担心的事就是他终身侍奉的上帝会拒绝他的儿子，他希望即使梵高不能像他所期待的那样成为一名伟大的牧师，至少也能得到上帝的庇佑。

几天来，家里人回避谈及梵高穷困潦倒的境况，只是用食物和亲情安慰梵高，梵高也很快在精神上和身体上都恢复了过来。这天，梵高起得很早，看见母亲正在生火，他便走到母亲那里。母亲责备他为什么不多睡一会儿，梵高告诉她，自己忍不住想要开始工作了，而这个工作就是画画。梵高的母亲也会画画，尤其擅长描绘静物，她耐心地听完了梵高讲述的提奥如何帮助他的故事，竟然很开心。她快步走进起居室拿了一封信出来，对梵高说：“我们家的一位亲戚安东·莫夫就是画家，他靠画画挣了很多钱。前几天我刚收到了你姨妈写来的一封信，莫夫娶的就是你姨妈的女儿杰特，你的表姐。她信中说，古比尔公司的特斯提格先生把莫夫的每件作品都能卖上五六百个荷兰盾。你若有心，可以去向他学画。不过我真希望你多在这里陪我一些日子。”梵高点点头。

吃早饭的时候，梵高一家人在餐桌上正式谈论起这个问题。“干这一行有前途吗，梵高？”父亲问，“你是不是有可能做到自食其力呢？”梵高坦诚地回答：“刚开始一定还做不到。提奥说打算资助我，一直到我能靠卖画为生为止。不过，等我画画得不错时，就能赚到钱了。在伦敦和巴黎，画匠一天可以挣十到十五个法郎，为杂志画插图的画师挣钱更多，我不会永远依靠提奥的。”提奥多鲁斯颇感宽慰，因为他发现梵高脑子里多少有了些打算，不再像前些年那样无所事事、糊里糊涂地过日子了。

窗外下了一会儿雨，雨刚停，梵高就拿着画笔和画板出了门。他喜欢画人物，但其作品风格却又和当时欧洲流行的写实类人物画不完全一致。他总是画自己眼中看到的人物，有些部分在他眼中是最突出的，他按照这感觉画下来，比例和线条就成了一个大问题。因此，他往往要把一幅画改上十几次，他的父亲发现以后认为儿子并没有成为画家的天赋，他也不想让儿子再一次把时间浪费在不可能成功的事情上，所以，他向儿子直接提出了自己的看法。梵高没有再说什么，他只是打量着父亲，仿佛在打量一个陌生人。在人生选择的关头，总有些人不明白自己所从事的事情的意义，但这时坚守自己的信念就显得更加重要了。梵高不分昼夜地钻研着绘画技巧。如果说他也考虑过未来的话，那无非是幻想自己能尽快自立，从而不再拖累提奥，那时他的创作成果也就近乎完善了。

梵高在埃顿家中画的《啤酒杯和水果》

梵高画得乏了就看书，他相信描绘生活中的人物和风景，不仅需要熟知绘画技巧，也需要精通文学。了解人物的内心才能让他笔下的人物有灵魂。当他累得既不能画画也不能读书时，他就索性去睡觉，这就是他生活的全部了。提奥给他寄来高级的纸，某兽医学校解剖马、牛和羊的图片，以及画笔、鹅毛笔、人体骨骼的复制品、颜料和他尽力省下来的法郎。梵高则仔细地研究每一块骨头的构造，因为画面上一块骨头的位置往往能决定整个人物甚至整个画面的表现。当天气不好无法作画时，梵高就在家里临摹图片，他的妹妹威廉敏娜有时也做他的模特，至于其他几个兄弟姐妹则只当梵高是个陌生人，梵高也不多理会他们。当然，在家里，梵高最喜欢的还是眼前真实的东西，为此，他几乎把家里的每一件摆设都画了个遍。

有一天，梵高发现光靠自己已经不能再提升他的画技了，他便产生了同某位艺术家建立联系和到一间好的画室继续学习的想法。他开始认为需要去接触一下好的作品，看看别的艺术家怎样工作，因为那样，他才可以发现自己的缺陷，才能学会怎样画得更好。提奥来信邀请他去巴黎，但梵高心里明白，他还没有成熟到可以冒着被一盆冷水浇灭的风险，到人才济济且技艺领先的巴黎去。他的作品现在还太幼稚、太粗陋、太浅薄。倒是海牙离这里只有几个小时的路程，在那儿他可以得到古比尔公司经理、他的朋友特斯提格先生和他的亲戚安东·莫夫的帮助。他认为也许在海牙定居比较合适。于是他写信征求提奥的意见，他的弟弟寄来了火车票钱作为对他的答复。梵高庆幸自己拥有弟弟的理解和支持，他立刻带上自己的画作坐上了前往海牙的火车。

赫尔曼·特斯提格先生是海牙美术学校的创始人，也是荷兰最著名的画商。全国各地的人在选购画的问题上都要来请教他，要是特斯提格先生说了哪一幅油画好，那他的这个意见便是最后的定论了。当特斯提格担任了古比尔公司的经理时，荷兰那些新的年轻艺术家还分散在全国各地。是特斯提格依次写信给他们每个人，让他们全到海牙来会合，使这里成为荷兰艺术的首府。他希望恢复荷兰绘画曾经在伦勃朗时代所享有的世界声誉。特斯提格选中某些画家并非因为他们的作品销路好，而是在他们的作品中，他看到了那种预示着这些人将有可能成为伟大画家的东西，在公众理解这些作品之前的几年，他就收购了莫夫等人的画作挂在自己公司的画廊里。他买他们的油画，评价他们的作品，把他们引荐给画家同行，鼓励他们度过艰苦的岁

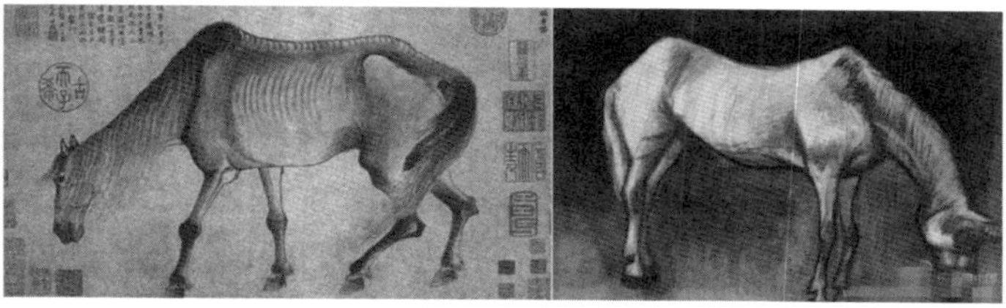

当“梵高”遇见“龚开”：对比南宋画家龚开的《骏骨图》（左图）和梵高的素描水彩画《老马》（右图），效果非常有趣，就像是东西方两个不同时代、从未谋面的艺术家的默契交流。龚开（1222—1304年）是宋末元初诗人、画家，南宋灭亡后退出仕途开始隐居。他擅长画人物山水，也善画马，他的用笔雄健厚重。梵高的《老马》（Old Nag）则作于1883年，也就是龚开画《骏骨图》的五六百年之后，是梵高学画早期的素描水彩作品，现藏于荷兰梵高博物馆。

月。可以说，是特斯提格先生对年轻画家的培养让荷兰历史上出现了众多伟大的画家。梵高就是要去请求他的指点。

特斯提格一向很喜欢梵高，在梵高调往伦敦的古比尔分公司时，他曾给那位英国经理写过一封热情洋溢的信推荐这个年轻人。虽然海牙的古比尔公司属于梵高的文森特伯伯所有，但是特斯提格并不是那种惯于逢迎的人，他喜爱梵高纯粹是因为梵高自己的缘故。终于，梵高走进海牙的古比尔分公司，画廊里的店员们服饰整洁，举止文雅。墙壁上的画装在华贵的画框中，背后套着价格昂贵的帷幔。地上铺着厚厚的、柔软的地毯，梵高认得出，连那些放在角落里的不起眼的椅子也都是价值连城的古董。

现在的梵高与八年前在伦敦古比尔公司上班的梵高已经不一样了，他想起了那些下班归来的衣衫褴褛的矿工、俯身在石堆上的矿工妻子。他极想知道，那些画着底层穷苦大众的朴素的画在这高贵的艺术殿堂里是否能卖得出去。不论如何，他庆幸自己没有再沉浸在伦敦画廊的浅薄又奢靡的贵族中间，他的离开至少让他知道了他要什么。

特斯提格在办公室里接待了梵高，他已经知道梵高的来意。“把你的临摹作品拿给我看看。”特斯提格直截了当地说。梵高在那沓纸中翻来翻去找出他在博里纳日画的第一批临摹作品，特斯提格板着脸缄默不语。接着，梵高又很快拿出他刚在埃顿安顿下来时的第二批临摹作品，这回所引起的反应也仅是偶尔地哼一声。梵高接着出示了第三批，这是他在动身来这里前不久才完成的。这一回，特斯提格感兴趣了。“这一道线条不错，我喜欢这张的阴影处理，你取得了一点进步，不多，只一点点。你的作品表明你至少还是努力的。”

梵高很受打击，长久的痴迷换来的评价竟然只是努力而非才能，但他还是鼓足勇气说:“我很想来海牙学习。您看行不行，先生?”特斯提格并不想对梵高承担任何责任，他只说:“海牙是个可爱的地方，我们这里有很好的画廊，有许多年轻的画家。但这里是否会比安特卫普、巴黎或者布鲁塞尔好呢，那我可不敢说。”梵高礼貌地告辞了，但他并没有完全失去信心。他坚信只要经过长期的努力，他最终会画好的。

第二天，梵高来到了莫夫的家。莫夫的岳母就是安娜·科尼莉亚的姐妹之一。在这样的家族中，亲戚间的联系是很密切的，因而莫夫热情地接待了梵高。亲戚间的客套寒暄只占去他们两人几秒钟的工夫，他们立刻就谈起了那个天底下唯一让他俩感兴趣的话题。莫夫这些时候一直在竭力避开其他的画家，因为一个新的设想占据了他的脑海，那是一幅在薄幕中依稀可见的雾景。而现在他简直不是在同梵高讨论这个设想，而是在向他倾吐自己的想法。

晚饭过后，梵高拿出他那些临摹品。莫夫用行家那敏捷而锐利的眼光把它们看了一遍。“画得还不错，”莫夫说，“作为练习，这些画对你是有帮助的，但是这些画对这个世界没有意义，你只是在模仿，梵高，真正的创造是自己做出来的。如果你想要创造，就到生活中去，画出你看到的东西，永远不要模仿。你有没有自己画的写生？”梵高想起特斯提格对他自己画的那些习作所说的话，盘算着是否把它们拿给莫夫看。最终提升画技的渴望战胜了他的尊严，他回答：“其实我一直在画人物习作。我画了一些博里纳日的矿工，但是还不太好。”莫夫说：“让我看看。在那样的地方你应当能捕捉到一些真正的东西。”莫夫拿了一张上面画着一个劳动者形象的习作，站起身把它与自己新近在画的油画上的一个人物草图并排放在一起。“嗯，这幅图可以这么画，这么画更好些！”他一边嚷着，一边拾起一支画笔，调整了一下光线，他看着梵高的画作眼神里充满了力量，拿着画笔的手腕轻快灵敏。“这就好些了，”他说着走到梵高身边，“你的路子走对了。你那些素描还是初级阶段，不过至少是真实的。而且，说真的，它们具有某种我很少见到的生命力和节奏感。听我的，你不要再临摹了，虽然现在你的写生还不太好，不过在画画时还可以不断地改进，赶紧开始用颜色作画，越早越好！”

梵高觉得这是这些天来听到的最好的消息了，同时，他从莫夫的修改中看到了自己提升的空间。他鼓起勇气说：“我准备迁居到海牙来继续画画，莫夫表哥，请你在有空的时候帮帮我好吗？我并不要你费多少事，就像今天下午这样给我看看你的习作就行。我会非常感激的。”莫夫认真地打量了一下画室里所有那些未完成的油画。无论从工作中抽出多么少的一点时间，他也只愿意同家人一起度过，莫夫开始犹豫了。对别人态度的变化一向十分敏感的梵高，马上就意识到了这些。“我太忙了，”莫夫说，“我没有时间帮助别人。艺术家只能是自私的，他不得不保护自己每一秒钟的工作时间。”梵高央求道：“我不会成为你的累赘，我可以保证做到这一点。”莫夫考虑了很长时间，他知道对初学者提意见除了惹人骂外，不可能得到别的什么。但是，梵高是他的表弟，他的油画又是由文森特伯伯和古比尔公司收购的，而且在这个年轻人身上的那种朴实而强烈的激情中好像有什么东西吸引着他，因此他最终答应了。

安东·莫夫（1838—1888），荷兰现实主义画家，海牙画派的领头人。他的画作对农民和牧羊人的描绘深受美国民众喜爱。他的代表作有《变化的牧场》《清晨旅行》。

在海牙的潦倒与成长

梵高回到埃顿的家中，晚饭时，他告诉家里人莫夫已同意收他做学生。他的母亲安娜非常高兴：“你一定要听莫夫表哥的话啊，”她说，“他可是个有经验的人。”在埃顿待了没多久，梵高就来到了海牙这个荷兰乃至欧洲的艺术大都市，现在的海牙在梵高眼里已经和他初次到海牙时全然不同了。他用提奥给他的每个月一百法郎中的十四法郎租下了一间房子，之后买了一张结实的饭桌、两把椅子和一条毯子，晚上他就裹着这条毯子睡在地上，他想用剩下的钱多买些画笔和纸，要是按照莫夫表哥的要求画风景，买颜料的钱可不是一笔小数目。

梵高又一次来到莫夫的画室时，莫夫正兴致勃勃地着手画一幅大型油画，一缕头发从他的前额直垂到眼睛上。他正开始实行他今年的宏大计划，那就是为一家沙龙画一幅最出色的油画。莫夫和他的妻子杰特对梵高会来海牙这件事本来是极为怀疑的，他们知道，几乎每个人在其一生中都或迟或早会产生想当一名艺术家的念头。即便如此，莫夫还是耐心地问清了梵高的住处，并在得知他还没有买床时慷慨地给了他一百个荷兰盾，但是怕心高气傲的梵高不愿意接受，又补充说："这是我借给你的，每个人都有需要别人帮助的时候。睡好觉才能好好画画。"

不管后来他们二人的关系发生了怎样的变化，但至少在这时，莫夫确实给了梵高很大的帮助。他拿起一只画箱，里面有水彩颜料、画笔、调色板、调色刀、调色油和松节油，说："我来给你示范一下在画架前怎么拿调色板吧！"他教给梵高一些基本技法。这大概是梵高第一次正式地学习画画，由于投入和用心，梵高很快就领会了他的意思。同时，莫夫还把梵高提名为"布尔克利"沙龙的临时成员，这意味着梵高每周可以到那里免费画几个晚上的模特，还能结识一些别的画家。

在莫夫表哥的建议下，梵高又买了窗帘来调节画室的光线。他付了房租，又把那些在布拉邦特画的素描钉在墙上。虽然他知道这些画是卖不出去的，而且也不难看出上面的缺陷，但是这些画蕴含着一种生命力，它们是某种激情的产物，他希望在他画水彩和风景时也能保留这种激情。

在“布尔克利”沙龙里，梵高认识了德·鲍克，他是个很有魅力的人。鲍克有教养，举止讨人喜欢，有固定收入，为人处世很随和，没有什么事能把他激怒或使他兴奋，而且他的穿着打扮十分讲究，简直是处处与梵高形成对比。一天，鲍克邀请梵高去他家里喝茶，他说：“我想给你看看我的近作。从斯提格刚卖出我的作品到现在，我又有了新的进展。”梵高来到鲍克富丽堂皇的家，看着挂在墙上的巨型水彩，不禁犹豫起来，这风景画得不坏，可也不算好，就像德·鲍克本人那种随便的性格。他也不知道，一个尚未入门的新手该如何评论一个已被社会承认的画家的作品。尽管这画是那种一眼就能辨明优劣的作品，但他还是细细地看着。

在鲍克的催促之下，梵高说：“你对风景是有感受的。可是画上的人物不真实。”梵高很喜欢鲍克这个人，而且想和他成为朋友，但梵高那种不愿违背客观事实的艺术家的良心占了上风，这使他无法缄口而不加以批评。鲍克却不以为意，他随口说道：“可是我无须为人物多费力气啊，这是一幅风景画不是吗？”梵高其实想说的是，他画中的人物没有激情，像是静止在那里，而这是现实世界里不会发生的。发觉鲍克其实无心听取自己的意见，梵高寒暄了几句便默默地走回了他简陋的家。

梵高打算好好布置一下自己的房间，他需要请模特到这里来让他画，而模特要有好的状态就必须是在一个让人愉悦的环境里。莫夫和梵高都认为人物是最难掌握的，只有把人物画好，一个画画的人才能成为一个画家，而且到了这时，无论他再画什么都应呈现出画面中应该有的生命力。梵高把床推到墙角，藏起烹饪用的东西，他要把这个地方彻底变成画家的工作室而不是住房。提奥这个月还没寄钱来，不过他还有从莫夫那儿借来的几个法郎，他用这些钱雇了模特。

他回画室后不多一会儿，莫夫就来访了，这让梵高措手不及。他问梵高钱还够不够，梵高不愿成为表哥的累赘，就说够了，其实他兜里只剩一个法郎了。然后莫夫用了一个小时教他如何涂水彩，如何再把颜色洗掉。梵高手忙脚乱，搞得一团糟。莫夫却不责备他，说:“你不要为此担忧，在你学会用画笔之前起码得画坏十张画呢！让我看看你在埃顿后来画的那些素描吧!”梵高连忙取出画稿。莫夫就是这样一位高明的老师，他可以一针见血地指出每件作品的基本弱点。他从不是说完“这不对”就住口了，而总是亲身示范，再附上一句“照这样再试试”。梵高听得很仔细，因为他知道莫夫对他谈的这些看法和莫夫在自己的一幅油画画坏时会对自己所说的一样。他从心底里感激莫夫，这是他入门的第一位导师。“你可以画，”莫夫表扬他说，“你画了一年的素描对你大有益处。要是斯特提格不久就来买你的水彩画，我绝不会感到惊讶。”

梵高开始一刻不停地作画，画纸和画笔用得很快，他几乎把所有的钱都投在了这上面。新的一个月已经过去好几天了，可提奥的那一百法郎还不见寄来。梵高在口袋里找到一枚邮票，这使他得以给弟弟写封信，求他继续寄生活费，至少寄来够他吃饭和必要时雇模特的钱。三天来他没吃一口东西，但仍旧上午在莫夫那里画水彩，下午在施粥所和三等车候车室写生，晚上或去“布尔克利”或去莫夫画室作画。他害怕莫夫觉察到他穷困的处境而放弃他，虽然他明显感觉到莫夫开始喜欢他了，但如果他生活的困难开始干扰莫夫作画的话，他的表哥肯定会毫不犹豫地把他抛开的。他不怪表哥，每个称职的艺术家不是都应该把艺术视为自己的第一生命吗？但是胃部的隐隐作痛令他回忆起在博里纳日的日子。他隐约觉得他得终生挨饿了，永远也得不到片刻的舒适和安宁。

这天，他硬着头皮去见特斯提格，希望能借到十个法郎。因为在海牙有半数的画家都是由他资助的，但是当天特斯提格有事到巴黎去了。梵高空手而归，由于发烧，他连铅笔都握不住，他是因为不能画画才寻求别人帮助的。第二天，他拖着病弱的身子又来找特斯提格，因为他实在不知道该去找谁。特斯提格曾答应提奥照顾梵高，他借给梵高二十五法郎，并承诺有空就去梵高的画室看看，等梵高的画作成熟了他便会收购几幅，让梵高可以自己养活自己。有了钱，梵高在肉体上似乎得到了满足，但在精神上他还是感到空虚和忧郁。他不知道自己什么时候才能卖出一幅画，也不知道自己什么时候才能有一个家，他已经快三十岁了。

这样想着，他来到一个酒馆，点了最便宜的酸葡萄酒，一边喝一边想着自己的未来。在他隔壁坐着一个三十岁左右的妇女，双手粗糙却也不乏美丽。他便开口问道："你怎么也是一个人?"那妇女回答："我刚做完一天的活儿，来这里歇一歇。"在后来的交谈中，梵高得知她是一个苦命的女人，名叫克里斯汀，她白天给人家洗衣服，晚上就去街上招揽客人。她有几个孩子，还有一个老母亲也在帮别人洗衣服。梵高同情她，便提出出钱请她做模特，钱不多，

梵高笔下的克里斯汀《悲哀》

但也算是她的外快，至少她只要坐在那里就能拿到钱。克里斯汀爽快地答应了，她觉得梵高是个好人，而且她也确实需要钱来养活自己。从此，梵高便可以用不多的钱雇到模特了，他们两人都对这个决定很满意。

这个月又过了几天，提奥的一百法郎终于寄来了，特斯提格也到梵高的画室来看了他几次。他看得出梵高在进步，不过对于起步这样晚的画家来说，梵高还需要再多一些日子的训练。他鼓励梵高，同时也要对提奥负责，他不得不一次又一次地向梵高提起应该早一些独立作画，不要再靠提奥接济，因为提奥也要有自己的家庭和生活。其实梵高何尝不知道这些呢，只是他自己也说不好什么时候特斯提格才会收购他的画。不过这时，他们两人的关系还很好。

下午，鲍克带了一个模特来到梵高的画室，这样梵高就可以省下一次画模特的钱了。他们俩专心致志地画起来，对作画的热情和投入倒是艺术家们的共同点。画完之后，他们又互相讨论起来，接着再一次产生了分歧。梵高觉得鲍克画中的人物画得很像，但就是一个假人站在那里；而他再看看自己的画，觉得能看出画中人的肠子中有食物在流动，这就是他要的效果。鲍克却认为，他要让欣赏他的画的人看到的是树林中的薄雾、云彩背后泛着红光的太阳。他并不想让他们去看什么肠子。无论如何，梵高知道鲍克的画能卖出去，而他也实在不想一直靠弟弟接济，于是在鲍克走后，他偷偷地模仿鲍克的画法创作了几幅作品，他真的不喜欢它们，可是他不知道除此之外，他到底该怎样才能快点成为一个画家。

莫夫依然隔几天就来探望梵高，也教梵高一些技法。这次他一进门就看见了梵高模仿鲍克的画作，他厉声呵斥梵高，说他不该迎合浅薄的画商的口味，他希望梵高成为一个有良心的艺术家，要让懂画的人自己来找他。这猛的一击让梵高彻底醒悟过来，他一直以来的犹豫就是因为没有人让他相信他可以按照自己的路走下去，他的画很难提高，是因为别人的意见常和他的本意相背离。而如今，莫夫肯定了自己的路线，那就是说他可以按自己的想法发展，不用在意别人的看法了。梵高激动得要跳起来了，他紧紧握着莫夫的手，说:“谢谢你，我就是需要这样的一击把我拍醒。”也许没有莫夫，我们就没有伟大的梵高了。

莫夫当晚举行了一个小型晚会，许多艺术家闻讯而来。其中有韦森布鲁赫，他因为对别人的作品毫不留情的批评而素有“无情之剑”之称，鲍克也在那里。梵高也应邀前往，就是在那里他遇见了生命中的另一个支持者。

一向恃才傲物的韦森布鲁赫看见穿着寒酸的梵高走进来，便主动上去打招呼，说:“你的叔叔们卖画的钱能供起所有荷兰人穿衣服，怎么也不给你钱让你吃好穿好?”梵高却不在意，说:“他们和你一样，认为艺术家应当挨饿。”韦森布鲁赫并不罢休，继续挑衅道:“他们是不看好你，如果他们觉得你会是个好画家的话，他们肯定抢着来支持你作画的。”梵高最厌恶别人玷污自己的艺术梦想，他愤然离去，却被韦森布鲁赫拦下了。韦森布鲁赫转而嬉皮笑脸地说:“好，有胆量，相信我，一个受过穷又有胆量的年轻人才能成功，你成名的日子总会到来，但是别着急，一个天才的艺术家不到六十岁是画不出好作品的。”梵高吃了一惊，但还是转身离开了，他知道，要靠韦森布鲁赫帮助是绝对不可能的。因为韦森布鲁赫不仅希望艺术家挨饿，也希望艺术家受精神的折磨，只有这样才能成为好艺术家，他的观点就是这样奇怪。

梵高在海牙安顿好之后曾写信给科尔叔叔，告知他自己在海牙的近况并且邀请他有空过来看看。科尔叔叔拥有阿姆斯特丹最大的一家画店，他常来海牙给自己的店挑选画作。这个周末，他就来到了梵高的画室。科尔叔叔看起来很高兴，他一辈子收购别人的画作，梵高若是成为画家，他便能把自家人的画作挂进自己的画廊了。他细细地看了梵高的作品，梵高拿出仅有的劣质奶酪和面包来招待科尔叔叔。

梵高的确是有才能的，科尔叔叔看了几幅他画的风景画，觉得很有意思，便告诉梵高，若他画出十二幅这种风格的阿姆斯特丹风景画，他便能收购这些画，让梵高自食其力。这可是梵高收到的第一个订单，他非常激动，送科尔叔叔去车站后，他就开始期待莫夫的到来。他此时尤其需要莫夫的指导，而莫夫好久没有来看他了。倒是特斯提格到梵高的画室来过几回，可是每一次他都说，梵高很有希望，但要再努力才能够得上让他收购画作。梵高也暗自着急，却毫无办法。梦想和现实有时候就是这么远，可是梵高始终没有放弃。

靠着窗景的织工

沉重的打击

这一天，特斯提格又来到梵高的画室。因为梵高来到海牙已经很久了，等待梵高成功已经让他渐渐失去了耐心，尤其是他的好友提奥还在每个月给梵高寄钱，特斯提格知道这让提奥很难开始自己的生活，比如说娶妻生子。特斯提格不解地摇摇头，又看了看那些水彩画，说：“我不明白，你初来海牙时作品里充满的粗糙怎么到现在还在。你如果努力，那些痕迹早就应该消失了，你真的用心了吗？你不要责备我苛求你，天晓得我多么想买你的东西，我盼望看到你自力更生。我认为提奥不应该为你……可你的作品不到成熟的时候我是不能收购的，这个样子的画叫我怎么买呢？你又不是在乞求施舍。你明白我的意思吗？”梵高很沮丧，他心中对提奥的愧疚绝不比特斯提格对提奥的心疼少，他迫切地需要莫夫表哥告诉他该怎么办。

可是这几天，莫夫在全身心投入作一幅画，难度极大，也许会消耗莫夫几个月甚至半年以上的精力。他每天行色匆匆，往返于颜料商店和家中，有一次在路上碰到了梵高，他也没跟梵高打招呼。梵高一直没想明白是不是自己有什么地方得罪了莫夫，直到有一天，挑剔的韦森布鲁赫来到了梵高的画室，这可是极少的事情。他告诉梵高，是莫夫让他到这里来的，莫夫想听听他对梵高画作的看法。梵高忍不住把心中的疑问倾吐出来，韦森布鲁赫说，莫夫在专心画画时都是这样，对谁都不理。不过，韦森布鲁赫带来一个坏消息，那就是莫夫确实开始怀疑梵高的能力了。也许是特斯提格对莫夫说了什么，毕竟莫夫一向尊敬这位提拔过自己的先生。这一消息对梵高来说无异于晴天霹雳，一直以来，莫夫是最看好他的，然后是韦森布鲁赫，就连特斯提格曾经也相信自己能成为大画家。可是如今，这些支持他的人全都遗弃了他，梵高觉得世界要崩塌了，他心中的梦想让他那么孤单，他甚至怀疑自己是不是又错了。

梵高把这些事都告诉了唯一愿意听他讲话的克里斯汀，克里斯汀是梵高能雇用到的最便宜的模特。梵高每天都要画人物，要买彩笔和纸张，就算他不添置任何个人用品，吃饭也是个大问题。离月底还有一个星期，在他完全没有钱付给克里斯汀之后，他又饿了五天肚子。梵高唯一担心的是雇不到模特就不能开始作画，那么离他卖出画的日子就更遥远了。克里斯汀并非狠心，但她得向梵高要钱，因为她自己也需要钱吃饭，如果梵高没有钱给她，她就又得去给别人洗衣服。而事实上，她给梵高当模特的日子里，还给梵高做饭，她已经贴给梵高不少钱了。

无奈之下，梵高只得又去找特斯提格。特斯提格已经对梵高丧失了信心，他对梵高说："提奥每个月给你寄来他薪水的一半，你为什么就不珍惜，不省着花呢？雇模特需要钱，那你就去画牛羊啊，它们又不会向你要钱。说实话，我这么多年来从没看错一个艺术家，你根本就不是一块当艺术家的料。梵高，我是为你好，去干别的什么吧，以后你成功了，你会感激我的。"梵高这时已经饿得头晕眼花，克里斯汀也是如此。他已经无法去和特斯提格争论，也无法维护他艺术家的尊严。他只是卑微地说："我也许不能成为一个艺术家，可是看在老朋友的面子上，求您借我十个荷兰盾，下个月提奥的钱一寄到，我就会还给您的。"特斯提格不再看他，只是让仆人丢给他十个荷兰盾。梵高决定，还了钱，他永远不会再见特斯提格。

梵高买了些黑面包和土豆回家交给克里斯汀，就立刻

梵高在海牙画的风景画《沼泽地》

来到莫夫的画室。莫夫正在注视着自己刚刚完成的新作，他疲惫地蜷缩在凳子上，像是刚打完一场艰难的战役。梵高怯怯地叫了声表哥，莫夫才注意到他。梵高不忍心在这时候打扰莫夫，却忍不住问他，为什么这些日子拒绝去看自己。莫夫仍旧虚弱地坐着，冷冷地说："我不满意你，梵高。你应当自食其力。你不应该用到处行乞的做法给梵高家族的人丢脸。"梵高意识到，特斯提格对莫夫说了他几次借钱的事。梵高眼中透露出哀伤，他也是那样一个心高气傲的人啊。但是他还是继续问道："那莫夫表哥你是放弃我了吗？"莫夫闭着眼睛点点头。

梵高克制住内心复杂的情感，说："那我们握握手吧，表哥，谢谢你一直帮了我这么多，我们以后还是朋友、亲人。"莫夫微微睁开眼睛，说："别往心里去，梵高，以后你要是有什么困难，我还是会帮助你的。你带画来了吧，给我看看。"他拿起梵高带来的画，沮丧地说："你的画完全不对，以前是我没看出来。我把你画中的粗野当成了力量。你若还想作画，就全部重新开始，角落里有几个石膏，你去画它们吧。"梵高看着那些冰冷的石膏，看不出任何激情，可是他想与莫夫表哥修好，便独自默默地去画了。

莫夫睡了一觉醒来，看见梵高的画作，又是一顿批评，他责备梵高为什么不能把石膏按照它们原来的样子画出来，就像初级美术学校里老师们的教导一样。梵高再也忍不了了，他说："表哥，我必须按我自己的气质和个性去表现事物。我应当按我看到的而不是你看到的样子去画。"莫夫不再看他，冷冷地说："我不愿意和你再有任何关系了。"就这样，梵高人生中的第一位导师抛弃了他，同时，他也失去了一位在海牙的亲人。

梵高走回自己的画室，觉得自己是个被世界放弃了的人，那些曾经支撑着他一步一步走到今天的人全都离开了他，只有提奥，他不敢想，提奥会不会有一天也放弃他，那样，他活在这个世界上就真的什么意义也没有了。他推开画室的门，发现克里斯汀倒在地上，梵高慌了，连忙把她送往医院。医院的医生用奇怪的眼神瞥了一眼梵高，告诉他，克里斯汀如果不立刻住院，就活不过这个月。长期的饥饿已经把克里斯汀的身体搞垮了，她还给人洗衣服，每天回家时腰都直不起来，双手也溃烂得不成样子。更可怜的是，在她接不到洗衣服的活儿时，她就得去街上接待客人，那完全毁了她的身体。梵高想起自己的第一批订单，他认真地告诉医生，他会为她付清全部住院的费用。

接二连三的打击已经让梵高完全崩溃了，他支撑着身

一个色彩专家的偶然发现可能会改变我们对梵高作品的看法。有传言说梵高是色盲，这个传言也一直被大家用来解释为什么他对色彩的运用会如此大胆。一位日本大师在一次关于视觉缺陷的演讲上说，他为了让自己对视觉缺陷有更好的理解，就站在一个被照亮的房间里观赏梵高的画（左图），他发现这幅艺术品转化为另一幅更好的艺术品了（右图）。他现在再看梵高的画都会透过专门给色盲用的眼镜。在视觉有缺陷的人的眼里，梵高作品中不协调的颜色、变形的线条都不见了，每一幅画中的线条都是如此精致，每一个阴影都恰到好处。

体走回画室，那里冷冷清清的。没有一个人来看他，也没有一个人管他，就连一直关心他的克里斯汀也住进了医院，他该怎么办呢？梵高想结束这痛苦的生命了，可是他还要画出十二幅风景画呢，不然克里斯汀就会死的，他想着想着就昏睡过去了。

在莫夫去世的时候，为怀念这位过世的表哥，梵高画了这幅《盛开的桃花》，并题写了诗句“只要活着的人还活着，死去的人总还活着”。桃花在阳光下欣欣向荣，不但没有一丝死亡的气息，反而更让人感受到生命的可贵。

第4章：在苦难中坚持

梵高有了一个家

克里斯汀在医院里得到了良好的照顾，梵高每天都会煲汤送到她面前。白天的时候，梵高多半时间是留在医院陪克里斯汀说话；到了晚上，他就拖着疲惫的身体在家作画。不过，这个过程并没有像成熟的画家作画那么容易。梵高的每一幅画作都要有十几幅练习，他小心翼翼地作画，力图让自己的画跟随自己的感觉，同时又不至于太特立独行而被退货。这是他的第一笔订单，对梵高有至关重要的意义，还关系到克里斯汀的医药费，万万不能搞砸。梵高只好不断地压缩自己的睡眠时间，但绝不耽误陪伴克里斯汀。在梵高心里，克里斯汀已经是他身边最亲近的人了。克里斯汀看着梵高做的一切，也非常感动。他们决定结婚，决定一生互相扶持。

一天，克里斯汀的医生告诉他们，克里斯汀怀孕了。这个消息让梵高又惊又喜，虽然这并不是他的孩子，但是有什么关系呢？这是克里斯汀的孩子，是他的妻子的孩子，善良的梵高只剩下了高兴，他觉得自己要当父亲了，这个孩子就是自己小家庭生活的开始。这虽然不是克里斯汀的第一个孩子，但是她看着梵高这样忙前忙后，顿时觉得自己和梵高就要成为这个孩子真正的父母，开始所有人都会有的家庭生活，不禁高兴极了。其实，克里斯汀本不奢望与梵高结婚的，可是梵高的坚持让克里斯汀觉得非常幸福，她觉得好生活就要开始了。

怀着对美好生活的憧憬，克里斯汀的身体渐渐好了起来。几天后，梵高寄出了科尔叔叔预订的十二幅水彩画，又过了许久，终于收到了画作的酬金。他连忙到医院交上了克里斯汀的住院费用，因为克里斯汀就要在这个医院生产，梵高不敢怠慢，又把仅剩的二十个法郎交给了医生。于是旧事重演，先是咖啡和黑面包，然后只剩下黑面包，然后就是白水，最后发烧、衰竭和昏迷接踵而至。克里斯汀为了腹中的孩子就回了娘家，在她娘家吃饭，但是娘家也已经没有一点食物可以剩下来带给梵高。梵高终于挨不下去了，他从床上爬起来，神思恍惚地走到了韦森布鲁赫的画室，希望能够借到一些钱。

韦森布鲁赫非常有钱，但是他坚持认为，贫穷和困难是艺术家完成不朽作品的第一步。梵高听了太多这样的话了，他简直要和韦森布鲁赫吵起来，这时韦森布鲁赫却告诉梵高："如果我把你当作一个毫无能力的庸才的话，我就会给你二十五个法郎像打发乞丐一样把你打发走了。可我是把你当作一位同行来尊重的。我准备送给你一件用多少钱也买不到的礼物。在海牙，除了莫夫，我还从来没有给过第二个人。过来，你来看看这幅习作。这就是我准备完成草图和设色的方法。"一个小时后，梵高精神振奋地离开了。就在这短短的时间里他所学到的东西比在美术学校待上一年所学的还要多。他走出好远才想起自己饿着肚子、发烧生病却又身无分文的处境。

这天在路上，梵高遇到了莫夫表哥，他连忙追上去向莫夫道歉，忏悔自己当时在莫夫画室的轻狂举动，他请求莫夫再到自己的画室里看一看，因为他深信一个人一定需要旁人的意见和帮助才能取得进步。可是，莫夫似乎并不理睬他了。梵高不断地追问，这才知道，原来莫夫知道了他和克里斯汀的事，不仅是莫夫，全海牙的人都知道了。在他们眼里，克里斯汀只是梵高的情妇，他们丝毫无法理解克里斯汀和梵高在苦难中的相互依赖和扶持的事。海牙的画家和画商们震怒了，他们知道梵高还在靠提奥的接济生活，不勤习作画却在想方设法包养情妇，而这个情妇并不是什么好人家的姑娘，而是做着在街上接客的最卑贱的工作。他们不再与梵高有来往，就连远在阿姆斯特丹的科尔叔叔也寄来了信，要退掉在那十二幅水彩之后又预订的六幅画作。梵高知道，自己刚刚有起色的艺术生涯就这样断送了。但是他没有放弃，他始终相信自己会成为一名伟大的画家，只是此后很长一段时间，他又得完全依靠提奥的接济度日了。

梵高给提奥写了一封充满感情的长信，说明了一切，恳求提奥谅解他，不要抛弃他。提奥提出很多反对的理由，但却没有谴责他们，他也提出了劝告，但没有暗示如果他的劝告不被接受他就不寄钱了。在信尾提奥说，尽管他不赞成这件事，但是他请梵高放心，他还会像以前一样帮助他。

六月初，梵高陪着克里斯汀到医院分娩。小孩从晚上九点一直到半夜一点还没生下来，医生只好动用手术钳。婴儿一点儿也没受伤，克里斯汀却是受罪不少。但她并不感觉辛苦，因为梵高已经和她说好，等她身体好些，就在自己的画室旁边租一所房子，把她和孩子接来和自己同住。隔壁的这所房子要大得多，有工作室、起居室、厨房、套间和顶楼的卧室。虽然这所房子比旧房子每周要多收四个法郎，但是家人的增多让梵高不得不扩房。提奥给梵高写信说他又提了薪，所以梵高以后可以每月收到一百五十个法郎。于是，梵高立即把新房子租了下来，以便克里斯汀一出院就能和孩子住上干净舒适的房子。

搬家的时候，克里斯汀的母亲也来帮忙。克里斯汀出院时看到这所房子，不由自主地把每个角落都看了个遍，梵高比以往任何时候都更加强烈地意识到像她这样的人是应当得到正派人的同情、怜悯和爱的抚慰感化的。她虽然贫穷，却勤劳、勇敢、善良。“她从没有见过纯洁美好的事物，”梵高自言自语，“那她自己怎么能变得纯洁美好呢?”克里斯汀的身体还是很虚弱，不能干家务事，所以梵高把一切都承担起来。铺床、生火、打扫卫生，虽然很累，但是他觉得仿佛他和克里斯汀以及孩子已经在一起生活了许久，他已经习惯了这个环境似的。

克里斯汀的身体逐渐恢复之后，梵高怀着一种从未有过的恬静心情重新回到工作中去了。有了自己的家庭，感觉着这个家庭的忙乱与节奏让梵高觉得非常美好。和克里斯汀在一起生活给了他继续画下去的勇气和力量。只要提奥不抛弃他，他确信自己能够成为一名优秀的画家。

几天后，特斯提格来到梵高的新家，他责备梵高的疯狂举动，又扬言要写信告诉梵高的父亲。梵高却不害怕，他认为和克里斯汀在一起是名正言顺的，而他正准备等克里斯汀再好一些就写信邀请父亲来这里做客。特斯提格走了，脸上带着茫然的表情。外界第一次真正的打击还是由韦森布鲁赫带来的。一天下午他若无其事地信步走进来，想看看梵高是否还活着。他进门首先看到了克里斯汀，梵高走近妻子和孩子，带着保护者的神情站在她们旁边，韦森布鲁赫瞥了他们三人一眼，说:“你们三个真是一个绝妙的主题，我倒是愿意把你们画下来，就叫作‘圣家族’。”“圣家族”是一幅画着圣母玛丽亚、耶稣和约瑟夫的画。梵高在这话里听出了无限的讽刺。

油画之路的开始

梵高用水彩画了大量的街景，他发觉这种绘画方式颇适合于表现那种迅速产生的印象，但是却没有深度和厚度，也不具有表现他需要描绘的事物的那种特性。他向往画油画，可又不敢动手，因为他听说许多画家都是由于事前未学习画油画就着手去画，结果把自己毁了。

这时，提奥到海牙来了。提奥二十六岁了，现在他已成了一个精明强干的画商。巴黎的古比尔公司被出售给了布索德和瓦拉东。尽管他们仍然留用提奥，但美术品的买卖已和在文森特伯伯经营下的大不相同。如今公司里的美术品不管有无价值都按所能获得的最高价格出售，而且只有那些成名的画家才能得到赞助，虽然文森特伯伯、特斯提格和古比尔公司都曾把发现和鼓励新进的和年轻的画家列为一个画商的最主要的职责，但现在的古比尔公司却只向被认可的老画家征购作品。美术界的新人，诸如马奈、莫奈、毕沙罗、西斯莱、雷诺阿、伯塞·莫里索、塞尚、德加、吉分曼，以及更年轻的图鲁兹、高更、修拉和西涅克等正在试图另辟蹊径，提出与学院派那些陈词滥调截然不同的见解，然而没有人听他们的。

在那些革新者中，没有一个人的油画在古比尔公司里展出或销售过。提奥天天都在竭尽全力去说服古比尔公司的新股东展出新画家的作品并招揽公众来买，但股东们认为这些革新派是疯子，他们的作品带着孩子气而且全然不讲技巧。

提奥到海牙来除了收购画作，最重要的目的就是劝说梵高不要和克里斯汀结婚。他倒不是嫌弃克里斯汀从前的职业，而是他无法理解为什么梵高要与一个和自己家的女佣气质相似的女性结婚，要知道，梵高家族的个人婚姻就是整个家族的一件大事，影响着整个家族的声誉。梵高向提奥讲述了自己和克里斯汀的经历，并表示，自己愿意推迟婚期，直到自己能靠卖画挣钱养家再娶她。提奥不再多言，他向来尊重梵高的选择。

在喝咖啡的空当儿，梵高向提奥说起了自己想要画油画的想法，提奥立即表示赞同，并主动提出供给梵高所需

梵高布面油画《挖土豆者》

要的昂贵的油画颜料。提奥带着梵高到古比尔公司买油画的颜料、画笔和画布。特斯提格对提奥既尊重又赞赏，一听说他们的来意，就坚持要亲自去查找所有这些材料。从古比尔公司出来的时候，他们看到远处一只渔船正要进港，附近的人们像是在欢呼，整个画面充满了生机和活力。梵高告诉提奥，这就是他想画的东西，提奥则表示，一定尽心尽力替梵高卖出这样的画。

提奥一走，梵高就动手试着用起油画颜料来。他画了三幅油画习作，其中就包括米尔德福尔特的一片菜地，菜地上有一个穿着蓝色罩衫的人在挖土豆。这是一片白沙地，有一部分已经挖过土豆，其余的地面上依然覆盖着一排排干枯的秧茎，间杂有绿色的野草。远景是深绿色的树和星星点点的屋顶。他看着自己的作品，非常开心，因为他肯定谁也不会相信这些画是他初次尝试的结果。

这天，韦森布鲁赫又来到梵高的家。梵高想起以前的事，所以对他心有余悸，没想到韦森布鲁赫却自然又大方地和自己谈画，似乎已经忘记以前说过的话了。他看了梵高的油画作品，提出要以五法郎一件的价格买下五幅油画，这个价格是科尔叔叔收购价钱的两倍。他告诉梵高，这些画值这个价格，甚至更高，画商们总有一天会以五千法郎一幅的价格把他的画卖出。说着，韦森布鲁赫拿出二十五法郎，并邀请梵高出去看演出。梵高觉得，韦森布鲁赫有时是个天使，有时又是个魔鬼。

第二天，梵高给父亲写了一封信，信中附上了刚拿到的二十五法郎，邀请父亲来家里做客。一个星期后，父亲就到了。他了解了克里斯汀和孩子的情况，并邀请他们一起到纽恩南的新家去看看，那里有可爱的教堂和朴实的农夫。几天后，父亲返回家里安慰他的妻子，他们儿子的情形并没有他们想象的那样糟。梵高开始潜心研习绘画，他常想起米莱的话:“艺术是一场战斗，献身艺术是应当倾注心血、奋力拼搏的。”好的生活似乎就要开始，提奥信赖他，父母并没有对克里斯汀持不赞成的态度，而且海牙这里也不再有人来打扰他，他可以完全自由自在地去画自己的画了。

可是好景不长，很快梵高就意识到，油画颜料贵得吓人，而他涂颜料又那么厚，他画画的热情极高，速度极快，光是画布也消耗了不少。而且，他才知道，婴儿竟然需要买那么多东西，克里斯汀也得不断地服药。这个家，简直就是个永远填不满的无底洞，他老得去买灯盏、锅盆、煤和柴、蜡烛、被单、餐具，以及源源不断的食物。每个月一百五十法郎依旧在月底到来之前就已经花光。梵高只好又开始画素描，那样可以省下一笔颜料费。生活的困窘并没有让梵高停下来，他也不敢停下来，他从小就是自尊心极强的人，其实他比任何人都更不愿意自己成为提奥的负担。

梵高《煎饼磨坊》

家庭的变质

克里斯汀始终不能理解梵高对于绘画的执着，她认为梵高对绘画是上了瘾，并且这瘾代价极高。但是，她并不过多干涉梵高，因为梵高本来和克里斯汀共度的就只是他全部生活的很小的一部分，他的大把时间和生命都献给了绘画。每天梵高都早出晚归，和画板做伴的时间远远多于他和人接触的时间，所以在和克里斯汀相处的日子里，极少有不愉快。

可是这样的生活也是短暂的。海牙的冬天常常有一连几日的暴风雪，这样一来，梵高就不得不留在家中作画了。家庭的负担让他再也请不起模特，他全部的指望就在于克里斯汀好起来时能继续为他摆姿势。可是，克里斯汀却不这么想，她认为她不再是从前那个孤身一人同时也自由自在的人了，对于这个家和这个孩子她有更多的责任。她每天要洗衣服、带孩子、做饭，确实没有时间和精力像从前那样在梵高面前一坐大半天。

梵高也是一位体贴的丈夫，他每天早上五点就起来做家务，以便让克里斯汀腾出时间给他当模特。可是克里斯汀还是不乐意，她从母亲和邻居那里听来，梵高收留自己就是为了找一个免费的模特，只要梵高有了钱雇别的模特，他随时会把自己赶出去。这让克里斯汀非常崩溃，甚至有时在勉为其难答应了梵高摆姿势后，她还会故意摆出些笨拙的姿势，或者是在梵高作画时动来动去，让他无法继续画。

久而久之，梵高不得不花钱去雇用其他模特，而这意味着他们家庭的其他开支会被削减。克里斯汀不得不每周回娘家几次，以减少梵高这里的餐食费用。可是，每次克里斯汀去娘家后回来，梵高都会觉得她变了一些，那些消极、懒惰的习惯又回到了她身上。而他每次试图劝说克里斯汀改掉这些毛病时，克里斯汀都会抹着眼泪训斥梵高说："你忍不了我了，你是不是当真要把我赶出去？我就知道我只是你的免费模特。"这让梵高很伤脑筋。

又过了一段时间，克里斯汀已经不再做家务或是为梵高缝补衣服了，她开始要求梵高把买颜料的钱用来买食物，而如果她得不到新衣服，她就拒绝再洗旧的衣裳，让她自己和孩子都穿得非常狼狈。她几乎已经从母亲那里得到答案，确信梵高迟早会抛弃身份低贱的她和孩子。既然如此，她又何必再为这个家庭卖命呢？她越发好吃懒做，每个月不到月底，就把梵高的一百五十法郎花得精光。梵高背负着对克里斯汀的责任，只能对着商店橱窗里的纸张和画笔暗暗叹息。

更加不幸的是，提奥写来了信，说他在街上救了一个女病人，并且花了大把的医疗费为她治疗，他是想要效仿梵高，拯救那些内心纯洁却身陷苦难的人们。但是这同时意味着，他不再能够保证梵高每个月的一百五十法郎的开支。可想而知，克里斯汀回到了娘家，抽黑雪茄，喝松子酒，没有钱，她便又开始了去街上接客的生意。梵高几次到她娘家去找她，她都不愿意跟梵高回家了，她不停地挖苦梵高，说梵高连食物都赚不回来，还不如在街上接客的女人。

梵高叹着气回家了，而克里斯汀心里也非常难受，他们本来可以有一个多么美好温馨的小家啊。每次克里斯汀正想跑回家跟梵高道歉时，她的母亲就会出现，用极其恶毒的话语摧毁克里斯汀内心的纯洁和美好。母亲总是说：

“你以为他真的会养你和你那不知哪里来的孩子吗？他不过是缺模特了，或者是想让你回去给他洗衣服、做饭，而无论哪一种，你都得不到一分钱的报酬，你会饿死在那里，他就是想把你耗尽了。”克里斯汀曾经是多么信任梵高啊，可是这时，她不再相信自己，也不再相信梵高了，一种求生的本能让她决定，就算明天会因为接客而死去，今天也要吃饱喝足。

悲惨地离开

提奥再一次寄钱过来的时候，梵高已经欠了许多债，食物、碗碟、颜料……债主们从前对梵高的好脸色已经荡然无存，之前甚至有一位债主登门，照着梵高的鼻子上就是一拳。梵高一个人睡在空空的床垫上，他以为自己就要这样死去。

克里斯汀听说了梵高的境遇，连忙跑回家，她扑在梵高床边，看到梵高已经奄奄一息。她四处张望，整个家里没有一片面包、一杯咖啡，她简直不敢相信梵高是怎么活下来的。她忍着泪水，握着梵高的手说:“以后我们好好过日子吧，你可不可以把一百五十法郎全都用作家用，这样我们就可以生活下去了。”梵高抱歉地看着克里斯汀，却只能慢慢地说:“对不起，我不可以，如果我不再买画纸，我这一生都不可能卖出一幅画，那我怎么靠自己养活你们呢？还有我的梦想，不画画，我没有办法活下去。”克里斯汀理解地点点头，却已明确地知道自己和梵高就要分开的事实。

梵高拖着虚弱无力的身体坐起来，告诉克里斯汀:“我想我得离开海牙一阵了。”克里斯汀还是点点头，眼泪已经在她眼眶里打转。梵高抱着最后一丝希望，说:“如果你愿意，你可以和我一起去乡下。”克里斯汀流下了眼泪，她看着梵高说:“那我饿死了怎么办?”梵高强烈的自责又开始了，但他还是说:“虽然我不知道提奥以后能给我寄多少钱，但是我想你不会饿死的……”

话还没有说完，但他们俩这时几乎都明白了，他们的家庭生活就要结束了。梵高的红头发耷拉在额前，他缓缓抬起头来，说:“我从来没想过会离开你。”克里斯汀握紧了梵高的手，伤心地说："其实我内心里一直都相信你。我不怪你。只有分开，我们才都能活下去。"克里斯汀说完，转身去买了些鸡蛋，为梵高做了一顿晚餐。

这天晚上，他们俩又来到了他们相识的那个酒馆。他们每人要了一杯最便宜的酸葡萄酒，克里斯汀摇晃着酒杯，梵高想起两年前他就是这样认识了那双布满操劳的手的主人。克里斯汀带着些自嘲，说："他们就告诉过我，你会离开的。"梵高看着克里斯汀的眼睛，痛苦地说："我从没想过要抛弃你。"克里斯汀放下酒杯，说："这不是抛弃，梵高，你从来没有做过对我不好的事情。只是我和我的母亲是一样的人，人们有时需要按照自己的方式去生活。"

梵高像突然想起了什么似的，他告诉克里斯汀："答应我，你不会再去街上做接客的生意，我会每个月给你寄钱，算是那个孩子的抚养费，我不是个好父亲，但是我希望他不会过得比别的人差。"克里斯汀感动地说："我答应你，只要有别的工作，我绝不再回去做那个生意。"梵高和克里斯汀又坐了一会儿，终于一起走出了酒馆，只是出门后，他们不再一起回到梵高的画室了。

梵高写信给提奥，说明了自己已经和克里斯汀分手，并且准备离开海牙的决定。提奥给梵高寄来一百法郎，帮梵高还清了所有债务。同时，梵高还收到了母亲的来信和包裹，包裹里是一些烟草和一小块她亲手做的乳酪饼。梵高终于要回家了，他这才明白，不管在外面漂泊了多久，家是他永远的港湾。他要回家养好身体，重新开始画画，他得尽早开始，在海牙最后的日子里，他几乎不曾动笔。他把房子里所有的家具都搬上了屋顶，想着也许有一天，他还会回来，因为不论如何艰苦，这里总还有一些他牵挂的人和事情。

梵高走的这天，克里斯汀带着孩子送他到车站。他们站在月台上，哽咽着说不出话来。火车进站了，梵高上了车。克里斯汀站在那儿，怀里抱着婴儿，只是流泪。梵高望着她们，直到火车离站进入到一片眩目的阳光之中，然后，这个女人便永远地消失在车站烟尘滚滚的黑暗里面了。

第5章：全新的开始

邻居异样的眼光

梵高拖着箱子来到了纽恩南，这里可以说是一个乡村。乡村的天空总是出奇的蓝，那种明亮的蓝色下面是厚重的黄土地，再远处就是山峦，梵高在这里再一次充分地感受到了自然的伟大和壮美。当然，更令他着迷的是这里勤劳而朴实的人们，他们大多是织工和农民。他们每天早出晚归地劳动，只是为了每天都可以吃上用各种方法烹煮的土豆，他们平时会喝咖啡，但咸肉之类的食物却是饭桌上难得一见的。

即便生活清贫，纽恩南的人们却没有一句抱怨的话。

事实上，他们是非常快乐的。人在一个没有很多欲望的环境中生活，幸福就是一件非常容易的事情，而乡村就是这样一个消解欲望的地方。梵高相信，一些人虽然去了城市并定居在那里，但是乡村给他们留下了难以忘怀的印象，他们对乡间的田野和农民怀着终生不渝的眷恋之情。

很快，梵高就同这里的织工和农民成为朋友，他们心地单纯，干活时对梵高在一旁画画毫不介意。梵高每次去时也从不忘记为那家的孩子带上一点糖果或者为年老的祖父带上一袋烟草。不过让梵高感到喘不过气的是，每次他从村中唯一的一条街道走过时，街道两旁的小贩和在阁楼上煮饭的女人们就会用一种奇特的眼光盯着他，同时还在议论着什么。确实，在这样的小地方，人们是很难理解艺术家的。所以，天气好的时候，梵高最喜欢走到村子尽头的山坡上去画画，在那里他和自然就是一体的，他非常享受这种没有别人打扰的日子。

一连几天，梵高去山坡上画画的时候，总感觉到背后有一双炽热的眼睛注视着自己，而当他转身查探究竟是谁时，往往只能看见一个女子匆匆跑过的背影。两个星期过去了，梵高依旧每天在山坡上画画，背后那双炽热的眼睛依然每天都在，只是从不靠近。这天，梵高正在投入地画画，他隐约感觉到那双眼睛在靠近，可是他来不及转身理睬这个女子，他的全部生命这时都在他笔下的画上，他必须飞快地完成，他感觉到一种巨大的力量让自己停不下来。当他终于落下最后一笔的时候，那个女子已经站在他旁边默默地看着他了。

原来，这个女子叫作玛高特，她家姓比奇曼，她和她的四个姐姐以及母亲共同生活在一座房子里，她们是梵高家的邻居。玛高特有一双深褐色的漂亮眼睛，看起来善良又温柔，虽然她已经快四十岁了，但看起来容光焕发，如同二十几岁的年轻女子。她很喜欢梵高对艺术的狂热，虽然在这样一个小地方，她没有接受过任何艺术熏陶，但是她内心有一种和当地的普通妇女不同的气质，她认为有梦想是活着的唯一理由。

梵高为有这样一个理解自己的人而感动，虽然这只是他们第一次正式会面，他就忙不迭地和玛高特分享了自己对绘画的情感。他说："你看这张白纸就这样呆呆地望着我，我就非常想赶快在上面画些什么。否则，我觉得那画布就会嘲笑我，像是在说，我就是一个什么也画不出来的笨蛋。"这是玛高特第一次见到这样为一件事着迷的人，她爽快地答应了梵高的邀请，决定以后天天来这里看梵高

梵高在山坡上画的《秋天的原野》

画画。

玛高特的陪伴使梵高感到很愉快，她从不用挑剔的目光看他。他的所作所为在她看来都是正确的。她没有斥责他举止缺乏教养，也不批评他嗓门粗哑，更不议论他脸上触目的皱纹。她从不责备他挣不来钱，也绝不怂恿他去干与绘画不相干的事。这让梵高觉得非常幸福，他告诉玛高特："我年轻时认为事情的成功就依赖于我们无法控制的机会，然而现在我明白了，多数人必须亲自经过一条漫长的道路去寻求光明。"这句话让玛高特很震动，她决定追求自己的幸福，她准备嫁给梵高。

对于一般人来说，出嫁不算是一件多么艰难的事情。但是，玛高特不一样，尤其是她结婚的对象是梵高，这更增加了她的困难。玛高特生在一个富裕的家庭，她们家的五个女儿每个月都能得到一笔足够她们挥霍的财产。可是，她们家的五个女儿都过了结婚的年龄却都没有结婚。倘若五个女儿都不结婚，邻居们看来倒也不怎么奇怪，但若是玛高特结婚了，别人看待另外四个姐姐的眼光便会不一样了，他们准会认为她们四个是有什么毛病，所以才嫁不出去的。因此，玛高特刚刚向家里提出她很喜欢梵高，家里的四个姐姐和母亲就立刻出面阻止了她，并宣布，如果玛高特要嫁给梵高，她们就把她逐出家门，并剥夺属于她的那一份财产。但是，她们对外宣称的理由却完全是针对梵高:“他没有工作，怎么养活你?他抛弃了海牙那个不三不四的女人，他迟早有一天也会抛弃你。”

十一月，落叶的季节到了，随着季节的变冷，人心也越发冷酷起来。全纽恩南都在议论梵高和玛高特，他们说什么这个古怪的男人干不出好事来，比奇曼家要是不把她们家的闺女从他手里夺回去，准得后悔。梵高永远也弄不清镇上的人为什么那么不喜欢他，他没有冒犯任何人，也没有伤害过谁。他没有认识到，在这个几百年来生活都一成不变的小村庄里，艺术家在人们的眼里显得是那样奇特。等到他发觉人们已把他当成无所事事的人看待时，他也就不打算再花费力气让他们喜欢自己了。

狄恩·范登贝克是个小店主。这天，他不怀好意地向从旁边过路的梵高挑衅:“喂，梵高，你还是这么游手好闲啊?”梵高听了这话不禁动怒了，他说:“游手好闲?我工作的时间是你的两倍。”对方似乎并不满意，继续说道:“你把这也叫工作?坐在那里涂涂抹抹的，那不过是小孩子的把戏，经营货栈、开垦土地，那才是真正男子汉的工作。你老大不小了，不能再浪费光阴了。”梵高近来听到这样的话已经太多了，但他还是坚持，对他而言，画画是最高贵的工作，可是纽恩南没有人会同意他的看法，除了玛高特。

梵高的母亲安娜·科尼莉亚在回家下火车时摔断了腿，当即便被人送回家来。虽然医生说并不是太严重，但梵高一向孝顺，他十分担忧母亲的健康。因此他毫不犹豫地把自己的工作抛在了一边，因为用心，他很快成为一名出色的护士。医生观察了他许久，然后说：“你比女人还细心，你的母亲会受到最好的照料的。”

这个消息不胫而走，从此，纽恩南的人们在路上碰到梵高时，总是面带笑容地同他打招呼，叫着他的名字。他从镇上走过时，周围的人也不总是用鄙夷的眼光看他了。一时间，梵高成为“孝子”的代名词，村里的人教育自己的孩子，让他们以后一定要和梵高一样悉心照顾父母。

玛高特自然也知道了这件事，她从不怀疑善良的梵高会这样做。但更让她高兴的是，她单纯地认为，村里人态度的改变就意味着母亲和姐姐们也能认识到梵高的好，所以就可能同意他们结婚。因此，玛高特也不避讳，常常到梵高家里探望安娜，对此，梵高也非常感激。他们渐渐地认为，相伴是彼此最好的选择。

在梵高的母亲完全康复之后，梵高又出去画画了，和往常一样，玛高特也陪伴在侧。梵高偶尔会提到，他很想买一本马歇尔著的《艺用解剖学》，因为那可以帮助他了解人体的骨骼，从而能够更加逼真地展示人体，可惜他买不起。在梵高生日这天，玛高特给他带来了一份礼物，梵高极少收到别人的礼物，他都快要忘记生日会收到礼物这回事了。他开心地像个孩子一样，毛手毛脚地打开了包装，里面躺着一册精美的马歇尔的《艺用解剖学》，他几乎要跳起来了。有这样一个全心全意支持他画画的人是多么幸福的一件事啊！

梵高握起玛高特的手，说："我的生活并不富裕，甚至是贫寒的，但是如果你愿意与我共患难，我会尽我所能让你生活得很开心的。"玛高特诚恳地回答："我要分担你的忧愁，亲爱的。"梵高觉得玛高特是上天赐给自己的贵人，他要携着她一起在绘画的海洋中遨游："我们可以留在纽恩南这个地方，或者你是否更愿意在咱们结婚以后就离开这里呢？"玛高特回答："你想去哪里我都愿意跟随你，不过在那之前，我希望你和我一起去见见我的母亲和姐姐们，我希望她们消除对你的误会。"

比奇曼太太始终认为，使她的女儿中的四个免遭更大的不幸比使她们之中的一个得到幸福更为要紧，所以不管对象是梵高还是其他人，玛高特要结婚就是万万不可的。既然现在对象是梵高，她们就更有理由反对了。梵高提着礼物登门拜访，但是比奇曼太太却是冷眼以对，她开口便问:“你就是梵高吧?请问你在海牙的妻子怎么样了?”正当梵高想应该怎么回答时，比奇曼家的女儿们又接上说:“你一分钱都没有，一直在靠别人接济，听说你以前还当过画商、传教士、牧师，不过你干什么都不懂得坚持也都不会成功，所以你才像个游手好闲的流浪汉似的到处漂泊。你这样的人，我们怎么敢把我们的妹妹嫁给你呢?”梵高只觉得天旋地转，他也曾是一个自尊心多么强的人啊!玛高特更是伤心欲绝，她不能容许自己的家人这么说自己的爱人。

她憎恨她的姐妹们，虽然她认识姐妹们几十年，而认识梵高才几个月，她却因为梵高而憎恨她的姐妹们。她明白她的姐妹们毁了她的生活，但是恨其实是爱的一种更加隐蔽的形式，而且有时会因此产生愈发强烈的责任感。梵高不懂为什么玛高特不愿跟他一走了之，玛高特只是说她的姐妹们一定会阻止的。

她委屈地告诉梵高:“我不明白是怎么搞的，在我一生中她们总是阻拦我做我想做的事情。我决定去拜访城里的亲戚，她们总是找各种借口不让我去；我希望读点书，她们就不许家里收藏任何有价值的书籍；每当我邀请男性朋友到家里来，等客人一走，她们就把人家骂得狗血喷头，弄得我再也无法去见那人的面；我若是想在自己的一生中有所作为，比如说当一名护士或者学习音乐和艺术，她们也都不允许，她们只希望我成为她们当中的一员，完全按照她们的样子来生活。”

梵高疼惜地看着玛高特，说：“你应该为了自己而活着，玛高特，咱们结婚吧，那样就会了结这件事。我弟弟多次建议我去巴黎，咱们可以在那儿生活，你一定可以获得自由，学习你想学习的东西。”玛高特没有搭腔。她坐在床沿上，耷拉着肩膀，低头盯着地板的木纹。梵高绝望地离开了，他不知道为什么自己敢于拼尽生命去追寻自己想要的东西，而其他人却总有些不必要的顾虑。他开始觉得，这里的人过于消极，其实是最不具有梦想的人，他也不能一直待在这里，他怕周围弥漫的懒惰情绪会侵蚀他年轻的生命。

玛高特此后被关了很久的禁闭，直到她趁母亲和姐姐出门采购，才得以跑出来又一次来到梵高的家中。她看起来已经苍老多了，褐色的双眼褪去了神采，眼角也浮起了些许皱纹，梵高再一次提出要带她走，离开纽恩南，到另一个地方去结婚，开始全新的生活。可是玛高特看起来累极了，她回答："梵高，其实我知道，你并不像我需要你那样的需要我，如果你足够珍惜我的感情，那我就是和整个世界作对都行。但是，你也知道，你的全部生命都在画画里面，我这份感情对你来讲太微不足道了，但对我的母亲和姐姐们来讲这份感情却非同小可……"

梵高非常沮丧，他问道："所以你要离开我了吗？"玛高特吐出一口血，挤出几个字："放心吧，我的灵魂永远和你同在。"梵高这才知道玛高特在出来前服了毒药，他抱上玛高特就向她们家跑去，比奇曼太太一家已经回来了，几番寻找玛高特都找不到，却看到梵高抱着奄奄一息的玛高特回来了。她们急忙请来了家庭医生，并立刻要求梵高离开。家庭医生建议她们到镇上的大医院去，比奇曼太太和几个女儿便一边护送玛高特一边哭诉："梵高，我们家对你做了什么不好的事，你要来害我们家的姐妹？"他们把玛高特送进了一家疗养院治疗，而同时，整个村子都知道了梵高险些残害了为人善良的玛高特。

如果说，之前人们不喜欢梵高纯粹是因为他们不赞同梵高艺术家的生活方式，那么现在人们对梵高的厌恶则是因为他们相信梵高是个品行低劣又危险的人。无论梵高走到哪里，他都能感觉到自己被人们从四面八方投来的仇恨目光包围着。没人搭理他，也没人正眼瞧他。他个人倒并不介意这个，因为在许多织工和农民们的家里，他们照样把他当作朋友接待。然而，当人们不再来牧师住宅看望他的父母时，他意识到自己给家里添了大麻烦，自己应该离开了。

梵高《画板、烟斗、洋葱》

初识印象派

梵高在找到新的去处之前，在纽恩南的另外一头租下了两间房子。约翰努斯·谢夫拉思在没来看管教堂之前是个裁缝，他的妻子安德莉阿娜是个好心肠的女人，她出租给梵高两间房子，并且由于能为这个被全村人所厌弃的人做点好事而感到愉快。梵高在这里依旧画画，只有画画不会抛弃他，而且不会妨碍到别人。

在这里，他发现大多数画家摒弃不用的那种取自木煤的深褐色颜料和沥青颜料可以使他的色彩显得成熟、深沉。他还发现，如果把一种颜色与紫罗兰色或淡紫色的色调并置，只要在这种颜色中稍加一点黄色就能产生非常强烈的黄色效果。同时，他还懂得了，隔离是一种残忍的监禁，但是他不知道，此后还有更加严酷的隔离等待着他。

转眼到了三月，梵高的父亲经过荒地到远方去看望一名生病的教区居民，回来时在牧师住宅后面的台阶上跌了一跤，等母亲安娜赶到时，他已经死了。他们把他葬在旧教堂附近的花园里，提奥也回来参加了葬礼。当晚，提奥和梵高坐在梵高新租的画室里，先谈了谈家务，后来就谈开了工作。

提奥说："有人给我一千法郎月薪让我离开古比尔到一家新画店去工作，但是我想，我不能为了多挣几个钱就离开古比尔，我相信古比尔公司的人很快就会让我去经营一个分公司的，要是那样，我就开始销售印象派的作品。你也会支持我的吧?"梵高很好奇，问道："印象派？这个名字倒是挺有趣。他们都有谁?"提奥说："噢，就是巴黎那儿的青年画家们，比如德加、雷诺阿、莫奈、高更等等。"

梵高好奇地问："这个名字是谁给叫出来的呢?"提奥呷了一口咖啡，继续说："从 1874 年的一次画展就叫开了。画展中有一幅克洛德·莫奈的题为《日出·印象》的油画，一篇署名为路易斯·勒鲁瓦的报纸评论称这次画展为印象派画展，这个名字就是这么得来的。他们真的是非常有才华的年轻人，但是现在还不被认可，我觉得你或许也会喜欢他们的风格，不如你跟我去巴黎吧，在那里你能遇到更多懂艺术的人，他们会理解你。"

莫奈《日出·印象》

梵高问道："他们绘画时用的是深色还是浅色？"提奥说："浅的！他们不喜欢深色。"梵高笑笑："那么，我想我和他们不是一路人的，最近我打算在色彩上做一些改变，不过，我是想朝着更加暗的深色调发展。"提奥并不急于纠正梵高，他说："也许你到了巴黎就不这么想了，总有些事情会让你突然改变。"

梵高陷入了沉思，他突然想到一个重要的问题："那他们的作品卖得出去吗？"提奥说："偶尔卖出一幅作品，这已经算好的了。"梵高接着问："那他们靠什么生活呢，他们也有一个愿意接济他们的人吗？"提奥也有些困惑："多半得靠他们自己东拼西凑地过日子吧，听说高更向他过去经营股票生意时的朋友借债，其他的要么靠家里，要么就去做些画画以外的活计。"梵高好像看到，在法国，许多和他一样的年轻人正在为了艺术而忍受苦难，他有些迫不及待去和他们会合了。

提奥也邀请他来巴黎与自己同住，因为提奥确定，最后梵高肯定是要在那里成名的。可是，理智告诉梵高，时机还不成熟，他不够自信。他认为，巴黎是很多艺术家艺术生涯开始的地方，但也是毁掉平庸艺术家美梦的最强大的利器。他决定留在纽恩南，等自己的绘画技艺再成熟一些，再到巴黎去。这一次，他决不能再失败了。

提奥非常尊重哥哥的决定，他了解梵高，梵高绝不会因为他人的劝告而轻易改变自己的主意。更重要的是，提奥也觉得巴黎对于一个艺术家来说是一个重要的起点，他担心梵高再一次失败。不过他的担心倒不是为了自己，而是害怕梵高承受不了这样不被赏识的打击，所以他一直在梵高失意的时候鼓励梵高说，总有一天，整个世界都会知道梵高是一名伟大的画家。幸运的是，梵高自己也是这样认为的。

但是，现实总是很残酷。梵高忍不住向提奥提出了心中疑惑已久的问题："你从来没有替我卖出一幅画，实际上你连试都没有试过，对吗？你现在开始卖了吗？"提奥有些艰难地说："还没有。"梵高略带些责备："为什么不卖？我是多么希望能够卖画来维持自己的生活，我不想一直依靠你的，你明白吗？"其实，提奥何尝不想早日卖出梵高的画呢，可是古比尔公司每挂出一幅画都需要专业的审查，况且，贸然把一个有才华的画家尚未成熟的作品挂出去，这是毁灭这个画家的最好方法。提奥只好如实交待："我把你的作品拿给行家看过，他们说……"

梵高最厌恶这两个字："嗬，行家！那些所谓行家的眼睛里都是些什么样的货色，这我太熟悉了。说真的，提奥，你应当知道，一件作品的好坏和行家的意见一点关系都没有。”提奥不忍心说出梵高的作品还不够好的事实，他委婉地说：“嗯，其实，你的作品差点儿就能卖出去了，只是……”梵高有些发怒了，他简直认为提奥根本没有用心卖自己的画：“提奥，提奥，当你收到我从埃顿寄给你的头一幅素描后给我的回信里也是这样说的。”

提奥再也应付不来这一连串的发问，他只好说：“这些都是我的真心话，梵高，你的画让我觉得你一直都离成熟还有一步之遥。事实上，我总是迫不及待地拿起每一张刚寄到的画稿，希望你的作品能够卖出手。然而到目前为止……”梵高已经不愿意讨论这个问题了，提奥也是，他不愿意这种一个人在进步时必经的停滞不前影响他们俩的关系。

提奥换了一个话题，说：“不论如何，你来巴黎越早，对你越有好处。不过，如果在此期间你希望我卖出你的东西的话，你就好好画画，画真正的画，而不是你的习作。没有人愿意买习作的。”梵高也冷静下来了，可是他对进步也是毫无办法，只好说：“要把习作和画截然分开是相当困难的。我们只能尽量多画些，提奥，画得如何都是我们自己的。我说‘我们’是因为你削减自己的开支省出钱来给我用，你付出的钱使你有权把这些作品的半数都落上你的名字。”

提奥完全没有想过作品的归属，在他心里，他的一切都是为了梵高，在古比尔公司这么多年，也不过是为了有朝一日能够在那里挂上梵高的画作。梵高若是发光，提奥会觉得比自己发光更加荣耀；梵高若是挨饿，提奥就恨不能亲自做饭喂给他，就像从前那样。这种强烈的依附感从他们小时候就已经开始了，提奥总是希望梵高去巴黎，抛开巴黎可以让梵高见识些最新的艺术不说，他也的确很想念和梵高相处的日子。和梵高及家人在纽恩南的日子也让提奥感到快乐，但是，古比尔公司的生意不能停止，否则他就不能负担梵高的生活费了，所以没过多久，提奥就回去继续工作了。

埃德加·德加（1834—1917），印象派重要画家。他出身于金融资本家的家庭，他的祖父是个画家，因此他从小就生长在一个非常热爱艺术的家庭中。代表作有《舞蹈课》《盆浴》等。

皮埃尔·奥古斯特·雷诺阿（1841—1919），印象派重要画家。出于对绘画的兴趣，雷诺阿到美术学校学习绘画，同时又在格莱尔的画室里补习素描。在那里，他结识了克洛德·莫奈，从此便走上印象主义的道路。代表作品有《煎饼磨坊的舞会》《船上的午宴》《包厢》《罗曼·拉柯小姐》等。

克洛德·莫奈（1840—1926），法国最重要的画家之一，印象派代表人物和创始人之一。印象派的理论和实践大部分都有他的推广。他擅长光与影的实验与表现技法。代表作有《日出·印象》《卢昂的圣母院系列》《睡莲系列》等。

保罗·高更（1848—1903），法国后印象派画家、雕塑家、陶艺家及版画家，与塞尚、梵高合称后印象派三杰。他的画作充满大胆的色彩，在技法上采用色彩平涂，注重和谐而不强调对比。代表作品有《讲道以后的幻景》等。

吃土豆的人

父亲的丧事办完之后，梵高照样租住在那两间画室里。他和一家姓德格鲁特的农民成了朋友。这是个五口之家，有父亲、母亲和一子二女，他们全都下地干活。德格鲁特家和纽恩南的典型农民一样，以土豆为主食。他们在吃晚饭时才喝上一杯清咖啡，也许一个星期才能吃上一片咸肉。但是他们从不要求更多，他们种土豆、挖土豆、吃土豆，这就是他们的全部生活。

梵高尤其欣赏这样朴实的劳动者，他希望用画记录下这些人性中美好的东西。所以当德格鲁特一家到田里干活时，梵高就在不远处支上画架，一直画到他们收工回家。往往他还会跟到他们家里去，把他们烧土豆、吃土豆的情景也画下来。德格鲁特一家倒也不嫌梵高碍事，他们在休息时也会看看梵高的画，不知如何评论时，也就点点头算是对梵高的鼓励。

渐渐的，梵高发现，人物素描中的关键是动作，而过去的大师们在描绘人物时最大的缺陷就在于他们笔下的人物什么事也不干。他画了德格鲁特一家子在地里挖土豆、在屋里摆桌子、吃煮土豆等一系列的素描后，为了完成《吃土豆的人》又专门练习绘制了约五十幅农民头像。梵高知道，这些努力不会白费。

他在画室里走了一圈，端详着自己的作品。整整两年的艰苦劳动！成百件的习作！其中有织工和他们的妻子，有织机，有田间的农民，有牧师住宅花园尽头修整过的树木和那古老教堂的尖顶，有荒原和树篱在炎炎烈日照射下的景象和在冬日冷寂的暮色中的另一番风光。可是梵高觉得还是不对，他想要表现的东西还没有表现出来。

梵高抱着画板又来到德格鲁特家里，他想使自己的画说明这些在灯光下吃土豆的人曾经怎样用他们这双伸向盘子的手挖掘土豆，他希望这幅画能表现体力劳动的艰辛和勤劳的人们是怎样老老实实地挣得自己的食物的。可是，他又失败了。与此同时，他的房租已经快到期了，与他父亲不同教的牧师向房东太太施加了压力，想逼梵高离开这里。不仅是因为对于他而言梵高是一个异教徒，更是因为

梵高《挖土豆的农夫和农妇》

梵高《戴白帽子的农妇》

他若是赶走了梵高，便能大大赢得村民的心。

梵高只剩下两天了，他不吃不喝，只是搬着自己的画具——自己生命的全部来到了德格鲁特的家。他一声不吭地坐在一个角落里，尽量不打扰到他们一家，但是他锐利的眼光盯着他们的每个动作，等到他们一家终于要睡觉了，梵高才顶着一头乱发和两只通红的眼睛回到画室。

正像在布鲁塞尔时有人告诫他的，他有时离模特太近了，因此无法掌握透视比例，他一直是按照自然来作画的。现在他则通过描绘自然来表现他自己的个性。梵高在脑海中回想着德格鲁特一家给自己的感觉，而不仅仅是他们具体的动作和神态，他把整个画面涂成一种沾着灰土的、未剥皮的新鲜土豆的颜色。画面上有肮脏的亚麻桌布和熏黑的墙，那盏吊灯挂在粗陋的横梁上，女儿给父亲端来煮土豆，母亲在倒清咖啡，哥哥把杯子端到嘴边，而在他们所有人的脸上都流露出一副安于天命、逆来顺受的神情。

当梵高画完最后一笔的时候，太阳升起来了，一道阳光照进储藏室的窗子。梵高从椅子上站起身，他感到一种彻底的安宁。几天来的兴奋和激动消失了。他注视着自己的作品，他笑了。这就是他自己想要表达的东西啊！他终于把它画出来了。他终于捕捉到了那正在消逝的事物中存在着的具有永恒意义的东西。在他的笔下，纽恩南的农民从此获得了不朽的生命。

梵高把一只鸡蛋的蛋清涂到画面上。他搬起那只装着他绝大多数画的箱子前往牧师住宅，他把这箱画存放在母亲那里，并向她辞行。然后他又回到画室，在他的油画上题了“吃土豆的人”几个字，并把他的几幅最好的习作和这幅画放在一起，带着它们踏上了去巴黎的旅程。

梵高《吃土豆的人》

第6章：梵高在巴黎

巴黎和梵高的会合

梵高一到巴黎的火车站，提奥早已经在站台等他了。提奥告诉梵高，他已经在独自管理蒙马特尔林荫大道的古比尔画廊了。这不仅仅意味着他有了更多的薪水，还意味着他可以在决定展出谁的画时更自由一些。这是一个好兆头，却不意味着他可以立刻把梵高的画挂上去。他告诉梵高："它实际并不是我个人的，梵高。我必须很忠实地按照古比尔的方针经营。不过他们答应让我在一楼和二楼之间的楼厅里悬挂印象派的作品了。"

梵高一边跟着提奥来到他在巴黎的住处，一边饶有兴致地问道："你都展出了谁的作品？"提奥回答："莫奈、德加和马奈。"这些人梵高都曾听说过，不过他很担心自己和他们不是一路人，因为他们似乎都喜欢用非常明快的色调，而自己则是喜欢在灰暗的颜色中展现现实生活的艰难。提奥看起来倒是并不担心，其实他早就有把握，梵高会喜欢这些人的，而这些人也会喜欢梵高，因为提奥早就把梵高的部分作品给他们看过了。

不一会儿，他们就来到了提奥的公寓，梵高坐在椅子上转身看了一下四周。提奥的这套公寓包括一间住房、一个小厨房和一个浴室。室内的家具是货真价实的路易·菲利普式的，看上去非常舒服，但是房间里挤得几乎连转身的地方都没有，提奥告诉他，他们快要有一幢更大的房子了。梵高开始打量这间屋子，自在又放松，仿佛这是他自己的屋子一样。"要是我在这儿支上一个画架，"梵高说，"我们就只好把你钟爱的家具移几件到院子里了。"

提奥开心地看着梵高，他从小就多么希望和梵高在一起啊，只要梵高愿意，他的一切都可以让给梵高，所以他为梵高就要在这里开辟一番新天地而感到无比快乐。不过，他不愿意让梵高沉浸在这间小房子里而忽略了真正的巴黎，所以他制止了梵高，说："走吧，梵高，我要带你沿着我最喜爱的那条路下坡到林荫大道去。没有闻过巴黎清晨的气味，你就不知道什么叫巴黎。”

提奥穿上厚厚的外衣，衣领交叉在白色蝶形领结下面。他把头顶两侧立起来的几绺卷发梳平，然后抿平上唇的唇髭和下巴上柔软的胡须，戴上黑色的圆顶硬礼帽，拿起手套和手杖，俨然是一个彬彬有礼的绅士。相较之下，梵高就更加滑稽了。他顶着一蓬乱糟糟的红头发，身上的衣服沾染了花花绿绿的颜料，鞋子也已经破得不像样子。提奥告诉他，要不是在巴黎，他这么打扮准会让警察逮起来了，但是巴黎人对于像他这样穿着的艺术家已经司空见惯了。

他们沿着一条种满了梧桐树的路走到了巴黎市中心，三座巴黎味道十足的半身胸像立在他们头顶上方。在第一座胸像下面写着“雕刻”，中间那座下面是“建筑”，最后一座下面是“绘画”。突然间，梵高觉得一个艺术的世界在自己的眼前打开了大门，他兴奋地看着街边的油画店、水彩店，还有各种各样的雕像和石膏，比他生命的前三十年看到的全部还要多。在一家艺术品店门口挂着两个字“自由”，几个提着公文包的中年男子进去买了一幅画或是一个小雕像出来，正准备回家。

“他们所宣扬的自由是当真的吗，提奥？”梵高再也不想被世俗的偏见禁锢了，他知道在这个世界上的许多地方，画画只是一种无所事事，可是他希望巴黎不一样。提奥回答:“我相信他们是当真的。全新的第三共和国很可能会从此登上历史舞台。你知道，在巴黎，保皇党人已经是日薄西山，毫无前途，社会主义者们正走上政治舞台。几天前的一个晚上，爱弥尔·左拉告诉我，下一次革命就不仅仅是革保皇党的命而是要革整个资本主义的命了。”梵高几乎要跳起来，他看过左拉的书，并且发自内心地欣赏他的革新，他说:“左拉！你能认识他真是太好了，提奥。”提奥倒是不感到意外，他料定，巴黎带给哥哥的惊喜还有更多，“是保尔·塞尚把我介绍给他的。我们每星期在巴蒂格诺莱咖啡馆聚会，下一次我去时一定带上你。”提奥说着又带梵高走向他的古比尔巴黎分公司。

从夏托登广场往下走，蒙马特尔街就失去了中产阶级的特色，而变得越发有气派了。在这儿，商店规模更大，咖啡馆也更富丽堂皇，人们的衣着更讲究，楼房的外观也更漂亮。提奥从他画廊的沙龙中走过时，那些服饰整洁的店员都尊敬地向他鞠躬。这使梵高想起自己当店员时对特斯提格和奥巴赫一向也是这样鞠躬的。“我展出的几幅印象派的画就在楼厅上，”提奥说，“你独自上去，仔细看完之后再下来，下来以后要告诉我你对它们的看法。”

梵高上了楼，看到墙上的几幅画，他顿时觉得站也站不稳了，他摸索着朝楼厅上的一把孤零零的椅子走去，一屁股坐下来，用手揉着他的眼睛。从十二岁起，他就看惯了那种阴暗沉闷的绘画，那样的画上看不到笔触，画面上的每一个细节都描绘得精确而完整，平涂的色彩相互交接在一起。而现在这些正在墙上冲着他发出欢笑的画，是他从未见过，也从未想象过的。薄薄的表面没有了，情感上的冷漠不见了，欧洲几个世纪以来把画浸泡在里面的那种肉汁色也荡然无存了。这些画表现了对太阳的狂热崇拜，充满着光、空气和颤动的生命感。

描绘后台的芭蕾舞女演员的那些画毫不客气地把红、绿、蓝几种原色乱堆在一起。他瞥了一眼下面的签名——德加。还有在户外阳光下画出的一组河畔风景，这些画把仲夏时节炎炎烈日下成熟而蓬勃旺盛的颜色完全抓住了。下面的署名是莫奈。在梵高见过的几百幅油画中，没有一幅在明亮、空灵和芬芳上，可以比得过这些富有光彩的画。莫奈用的最深的颜色，也要比在荷兰所有美术馆中能找到的最浅的色浅许多倍。他的笔法独特，无所顾忌，每一笔的笔触都清晰可见，仿佛是大自然韵律的组成部分。一大

梵高笔下的蒙马特尔街

团一大团鲜艳而温暖的颜色使画面显得厚重、深沉，而且富于起伏感。

梵高的目光停留在了一幅画上，画上有一个穿针织汗衫的男子坐在一只小船上，手里握着船舵，带有高卢人那种高度的聚精会神，表现了典型法国人星期天下午的享乐，还有那位做妻子的木然地坐在一旁。梵高看了看作者的名字，马奈。他想起了关于马奈的《草地上的午餐》和《奥林匹亚》的传闻，据说警察为了保护这两幅画不被人用刀砍坏，只好把画用绳子拦上。马奈的画叫他想起爱弥尔·左拉的著作来。在他们的作品里表现出了同样的对真理的狂热追求，同样的无所畏惧的洞察和感受，那就是不管一件事物在表面上可能多么污秽，它的本质和真实也是美的。

梵高仔细琢磨马奈的绘画技巧，发觉他没有把颜色逐步过渡地排列在一起，对许多细节干脆就不去描绘，他也不把色彩、线条、光和影处理得边缘明确，它们是颤动的、相互渗透的。"正像眼睛所看到的自然那种颤动的样子。"梵高喃喃自语。他又琢磨起这些画。过了一会儿，他领悟了使绘画发生如此彻底改革的一个方法：这些画家使他们的画上充满了空气，正是这有生命的、流动的、充实的空气对画面中的物体起了作用。梵高明白，不同于摄影家，画家们要按照他们自己的性情，透过他们作画时所置身在内的、被太阳照亮的空气去观察一切。这些人简直像是开创了一门全新的艺术。

梵高顾不得和提奥分享他的感受，他径直奔向他那些打成捆的画和习作，把它们全部摊放在地板上。他瞪着自己的油画，觉得它们是那么晦暗、阴沉、笨拙、乏味而又死气沉沉。他一直在一个早已成为过去的世纪中绘画，对此他竟不知道。到了黄昏时分，提奥回家了，他发现梵高正坐在地板上发愣。提奥在哥哥身旁跪下来，说:“我知道你现在的感受，大吃一惊了。那是可怕的，我们正在推翻几乎一切被绘画奉为神圣的东西。”

梵高那双流露出自尊心受到伤害的小眼睛，截住了提奥的目光，死盯住不放。“提奥，为什么你没告诉我？我为什么不知道？你为什么不早一点带我来这儿？你让我白白浪费了整整六年的时光啊！”提奥并不以为然:“浪费？胡说。你已经闯出了一条你自己的路。你画的东西与世界上任何人都不同，是独一无二的文森特·梵高的东西。如果我在你对自己的探索尚未定型之前就把你带来这里，你一定会立刻被巴黎的模式和要求塑造成千篇一律的样子。你应当向印象派学习掌握光和色，这是他们可以帮助你提升的东西，但是，仅止于此，不可再多。你千万不要去模仿，任何人都不值得你模仿，记住别让巴黎把你淹没了。”

梵高将信将疑地说：“可是我之前的画全都搞错了啊。”提奥打断他：“你全都搞对了……除了你的光和色彩。从你在博里纳日拿起铅笔开始画的那一天起，你就是个印象派啦。看看你的素描！看看你的画法！在马奈之前，从来不曾有人像这样画的。你看你的线条，从来就不是学院派教出来的那种明确的画法，再看看你的那些人物和树木形象，它们全是你的印象。它们虽然粗糙、不完整，但绝对不是自然中死板的景象，而是按照你自己的个性整理过的。这就是所谓的印象派，也就是说你不像其他任何人一样地画，不当任何条条框框的奴隶。你已经是个印象派了。”

梵高真巴不得自己是印象派的一员，但接下来的消息让梵高更加为之一振，提奥说：“巴黎那些小有名气的青年画家们对你的作品已经有所知晓了。我指的不是能卖得出作品的大画家们，而是那些正在进行重大试验的人。他们都非常希望认识你。他们认为，你有一双敏锐的眼睛和一只善于描绘的手。相信我，你一定会和他们相处得来，而且你一定可以从他们身上学到东西。现在你所需要做的，只是提亮你的调色板，并且学会怎样描绘流动的、透明的空气。梵高，你看我们生活在这样一个创新的时代，这样的艺术多么美妙啊!”

梵高已经为这接连而来的惊喜感动得说不出话来了，他这才知道提奥一直以来不只是给他一笔钱然后就对他的画置之不理，提奥在背后已经为梵高量身定制了整个帮助梵高发展的空间，只等梵高迈出这神圣的第一步。提奥拍醒了他，让他换上自己的新衣服和新鞋袜，说:“我要用真正的宴席招待你。来上一瓶香槟酒，让我们庆祝一下这个巴黎和文森特·梵高会合的伟大日子!”梵高在那里度过了他在巴黎的第一个迷人的晚上。

爱德华·马奈（1832—1883），是19世纪印象主义的奠基人之一，出生于法国巴黎。他从未参加过印象派的展览，但他深具革新精神的艺术创作态度，深深地影响了莫奈、塞尚、梵高等新兴画家，进而将绘画带入现代主义的道路上。受到日本浮世绘及西班牙画风的影响，马奈大胆采用鲜明色彩，舍弃传统绘画的中间色调，将绘画从追求三元次立体空间的传统束缚中解放出来，朝二元次的平面创作迈出革命性的一大步。

志同道合的印象派画家

第二天早晨，提奥已经去古比尔公司上班了，梵高便带着绘画材料到了科尔蒙画室，这是提奥担心梵高暂时没有地方画画而专门为他报的美术学校，不过提奥很赞同梵高不跟着这些学院派的老师来，而是自己画。刚一坐下，旁边的一个年轻人就探过头来搭话："你是新来的吧？"梵高说："是呀。我刚来巴黎第三天。"对方又说："我叫亨利·图鲁兹，你呢？"梵高说出了自己的名字，图鲁兹一下子来了兴趣："你跟提奥·梵高是亲戚吗？"梵高回答："他是我弟弟。"图鲁兹的眼睛几乎要发光了，他说："原来你就是提奥常说到的梵高，认识你真高兴。你弟弟可是巴黎最棒的画商，他和那些资本家不一样，唯有他是愿意为年轻人提供机会的。不仅如此，他一直准备着为我们战斗。要是我们有朝一日被巴黎的观众接受了，那就要归功于提奥·梵高，他绝对是个非常优秀的人。你有这样一个弟弟，真是一件幸运的事！”

梵高从不怀疑，提奥无论在哪里都是受人欢迎和尊敬的。图鲁兹继续说：“你想看看我的画吗？不过多数人都认为我是疯子，原因就是我画了很多舞女、小丑和妓女。然而，在他们身上你才能找到真正的性格。”梵高很惊讶这个初次见面的人愿意同自己谈论这些，他放松了许多，说道：“我很理解。在海牙我就娶了那样一个女人。”图鲁兹像是找到了知音：“真的？我知道了，你们梵高家的人都不错。如果你愿意跟我到我家去，我让你看看那些我最骄傲的画作，比坐在这里有意思。”梵高点头应允，二人便起身离去了。

他们走出画室，梵高才发现图鲁兹的腿一瘸一拐的。图鲁兹倒不避讳：“你也许奇怪我的腿有什么毛病，梵高。人人都觉得奇怪。好吧，我来告诉你。我生来骨质脆弱。十二岁那年，我在跳舞厅的地板上滑了一跤，摔断了右边的大腿骨。第二年我又摔到一个坑里，把左边的腿骨也摔断了。从那以后，我的腿就再也没有继续发育。”梵高很是同情：“真对不起，我不该提到你的伤心事。”图鲁兹并不介意：“不，我并不是很伤心。我如果是个正常人，就绝不会成为一个画家。我父亲是图鲁兹的一个伯爵，我是这一头衔的直接继承人。要是我愿意，我可以当上元帅，随侍在法国国王左右。但是要是一个人可以画画，可以做他想做的事，他为什么非要当伯爵不可呢？”梵高真开心他遇到了这样有见地的朋友。

到了图鲁兹家里，梵高喝完主人递来的饮料，就细细观赏起图鲁兹为蒙马特尔游艺场的姑娘们画的二十七幅素描来。他看得出来，艺术家是按他自己所看到的样子去解释她们的。那是些客观的肖像，既未表示画家在道德问题上的态度，也无意从伦理学的角度加以任何解释。在这些姑娘的脸上，他捕捉到了悲惨与痛苦、麻木的感官和精神上的孤独苦闷。梵高说：“我是画农民的，在我看来这些女人也是农民。她们是肉体的园丁，为了生存，自食其力的人都是美丽的。而画家完全应该按照他所看到的事实去描绘，而这就是一幅画的美之所在，对不对？”

图鲁兹瞪大了眼睛，他没想到这个来自荷兰农村的青年会有这样自由而浪漫的远见卓识，他决定和梵高做好朋友。他跟梵高提到了高更，并坦言称自己和高更是这个城里最出色的画家。高更是另一位有着传奇人生的画家，他有过一个妻子和三个孩子，曾在股票交易所有个年薪三万法郎的职位。他从毕沙罗、马奈和其他画家手里买了价值一万五千法郎的画。高更常在星期天画画，有一次，他在股票交易所的艺术俱乐部中拿出一幅画给马奈看，马奈告诉他那幅画画得非常好。高更答道:“我只是个业余爱好者罢了。”马奈却说:“画画不分业余还是专业，只分画得好还是不好。”这一席话让高更从此更加头脑发热，无法自制了。他放弃了交易所的工作，靠积蓄过了一年。后来，他把老婆、孩子送到斯德哥尔摩的岳父母家，此后便靠东挪西借过日子。

梵高这才知道这世界上为画画放弃一切的人不只有他一个，他突然觉得周围的人和事都在给他力量，让他在巴黎成为一名出色的印象派画家。事情看起来很简单，梵高所要做的只是扔掉他过去的调色板，买些浅色料，然后照印象派那样去画。第一天的试验结果使梵高感到惊奇，也很懊恼，到第二天的末了，他已经被弄得头昏脑胀了。如果对梵高来讲这是难熬的一周，对提奥来讲则更是糟糕一千倍。提奥是个温文尔雅的人，举止彬彬有礼，生活上一向很讲究。不管是在家里还是上班，他都对自己的衣着和礼仪十分注意，一丝不苟。可是到第一个星期末尾时，梵高已经把提奥的家变成一个杂货摊了。他在房中踱来踱去，

高更肖像。向日葵是1956年从秘鲁引进欧洲的花，而高更是有一半秘鲁血统的。这可能也是他喜欢梵高《向日葵》的原因之一。

高更田园画作。高更是当时最大胆和自由的画家，主张不要凭眼睛看到的事物来创作，要用内心的感受来画。

踢开妨碍他走路的家具，他把画布、画笔、空颜料管扔得满地都是，还用他污迹斑斑的衣服装点着那些长沙发和桌子。

不仅如此，梵高还反复问提奥一些无聊的问题，诸如："提奥，你真的认为我能行？你不认为我是个失败者吗？"每到这时，提奥总是一次次地安慰他："你不是个失败者，但你绝对是个傻瓜，你以为欧洲几个世纪才探索出来的艺术革新，有人可以在几个星期之内就完全跟上吗？咱们到高坡上去散散步吧，让你的头脑冷静冷静。"他提议去阿贝塞斯街上的巴苔丽饭馆，因为他的朋友没准儿也会顺路到那里去，这样一来他就可以把梵高介绍给他们了。

巴苔丽饭馆是许多画家时常出入的地方。果然，不一会儿高更就走进来了，他见到提奥坐在里面倒是毫不诧异。他坐到提奥旁边，给提奥讲起了他今天的见闻，提奥也适时地叫了一杯酒给高更，是高更最爱喝的那种苦艾酒。说罢，提奥介绍梵高和高更认识，他知道这俩人肯定都或多或少听到过对方的事情了。高更对梵高很感兴趣，他邀请梵高到自己家里去看画，提奥便回公司应酬了。

高更跪在地上，从床底下拉出一堆油画，他把那些画一幅接一幅地靠在桌上的苦艾酒瓶子前。梵高本来已经准

修拉肖像

修拉画作

备好要看一些非同寻常的东西，但真到面对着高更的作品时，他还是惊得目瞪口呆，不知说什么好。他看到的是一堆杂乱无章的充满阳光的画：树木，呈现出哪个植物学家都没见过的那种模样；人，那只有高更一人画得出来；大海，那是火山中涌出的岩浆；天空，那可不是上帝居住的天堂。这些画上，有的画着笨拙难看的土著居民，他们天真纯朴的眼睛中隐含着无限的奥秘；有的画着野生动植物，它们全都洋溢着太阳的炽热和光辉。高更看到梵高这样吃惊的样子，便邀请他一起到修拉家去，修拉是一位同样热爱这种画风的画家。

修拉常常通宵工作，而且在白天的一大半时间里也在工作。他和母亲一起住在一栋别墅里，他是个模范儿子，不喝酒，不抽烟，不乱骂人，也不到外面过夜，除了买绘画材料外从不乱花钱。他的母亲常常说："我的孩子修拉愿意画画，那我就让他画，我的钱足够我们母子俩花的。只要他高兴，怎么都行。"不仅如此，她对待修拉的朋友也是极好的，高更每次都在凌晨三四点钟来找修拉，被吵醒的修拉的母亲少不了训斥他一顿，但还是会为他们端来咖啡和奶油蛋糕。这天她欢迎梵高，就和欢迎以往修拉的其他朋友一样热情。

简单的介绍后，梵高就开始参观修拉的画作。他看到修拉正在创作的这幅油画用的是比马奈或德加，甚至比高更敢于使用的颜色还要明亮的一套颜料。如果说这幅画是有生命的，那并不是具有自然的生命，虽然空气中充满闪烁的光辉，然而哪儿也感觉不到呼吸的存在。这是充满了活力的生活的静止的生命，在画面上，运动已被永远地排除在外了。修拉平静地说："我的方法是在彻底改革整个绘画艺术，所以你不能指望看一眼就能完全把它接受。要知道，先生，直至今日，绘画还一直是一件注重个人体验的事情。我的目的就是要把它变成一门抽象的科学。你知道柏拉图吗？他说过一件东西并不同于这件东西的本质。画家应当学会描绘的并不是一件东西，而是东西的本质。当艺术家画马时，那不应是你可以在街上认出来的一匹个别的马。照相机可以拍照，而我们必须超越这个之上。当我们画一匹马时，应该捕捉的是我们对马的理解，一匹马的内在的精神。"

梵高和高更离开了修拉的家，高更看出了梵高的震撼，便提议带梵高去看日出。他们二人来到往蒙马特尔去的山坡上，太阳慢慢地唤醒了整个巴黎。这座城市的三大标志——市中心的歌剧院、城东的圣母院和城西的凯旋门耸立在空中，宛如三座各具形态的石山。梵高似乎更加急切地想要成为印象派真正的一员了。他开始模仿他结识的画家们，每当提奥晚上筋疲力尽地从画廊归来时，都能看到梵高拿着一幅新作的画在急不可耐地等着他。梵高总是不等提奥把帽子和外衣脱下来，就猛扑到弟弟跟前。

“你瞧！现在你还能对我说这一幅不好？还说我的调色板没有改进？瞧这阳光效果！瞧这……”梵高喋喋不休。提奥不得不做出抉择：要么说假话以求与一位和蔼、殷勤的兄弟共度一个欢愉的夜晚；要么说真话，从而在房间里无论走到哪里都摆脱不了死命的纠缠。可是他无法对梵高撒谎，他告诉梵高，他一眼就能看出梵高在模仿谁的作品。他甚至严厉地告诫梵高不要丢掉自己的东西，因为全巴黎模仿高更和马奈的有上千人，而且都比梵高模仿得像，但是这没有意义，因为只有一个高更，一个马奈，梵高必须要做自己。

第二天，高更一早就来敲提奥家的门，不过他是专程来找梵高的，他要带梵高去外面转转，这是提奥拜托他的，因为今天提奥得在外面工作到晚上。他们沿街走下去，走进了高坡脚下的那座三角形的小公园。高更说：“那儿是保尔·塞尚睡在长凳上，咱们把他叫醒吧！”梵高看塞尚这

塞尚肖像

样子，几乎要认为他和自己以及高更一样落魄，可是高更告诉他，塞尚的父亲拥有自己的银行，还有普罗旺斯大片的土地。塞尚醒过来了，他拉着高更和梵高走进一家饭馆，点了最好的酒，然后开始诉说他的不满：“巴黎唯一愿意把我的画放进他的橱窗的画商是佩雷·唐古伊，但是他没有钱也没有地位，没有人会去他那里买画。我在巴黎待够了，我准备回普罗旺斯，在那里度过余生。普罗旺斯有着明亮而辉煌的阳光和色彩，我要在那儿建造一间画室，再开辟一个苹果园。”梵高更深刻地意识到，钱对于一个画家来说是不足以让他快乐的，钱只要足够支持生活就行，再多就没有意义了。

他们三人吃完饭就来到巴蒂格诺莱咖啡馆，他们那些志同道合的朋友们常常聚在这里。果然，一到这里，大家都四散开来，或是接着上次如何调色的问题继续辩论，或是一起叹息某一位天才的画家因为看不到希望而离开巴黎。渐渐地，梵高便和左拉走在一起了。他们自我介绍，突然左拉把他那支刚才在石桌面上乱涂的铅笔放下，凝眸望着梵高，他说：“你的名字我以前在哪里听到过，那是……《萌芽》！你去过煤矿区吗？博里纳日！我在博里纳日用了五周的时间为《萌芽》收集素材。那些煤矿工人曾经讲起一个基督式的人物，他在他们中间做福音传教士的工作。”

梵高有些不好意思，左拉却叉起两手，说：“别害羞，梵高，你在那儿所努力完成的事业是值得做的。你只是不知道，宗教并不是一个救赎的手段，并不能真的鼓励人们振作起来。事实上，只有精神上怯懦的人，才相信这种关于来世幸福的许诺，而甘心忍受此生的苦难。我写了几本书，几乎每个矿区都有一本，工人们看了我的书，组织了四次罢工，只有用这种方式他们才能获得应有的权利，而我也能赚到稿费。”

梵高从第一次看《萌芽》时就喜欢左拉了，不过左拉接下来的话更让梵高刮目相看。左拉说：“但是，评论家认为我的书不道德，因为我写了黑暗的生活，出于同样的理由，他们认为你们的画也是不道德的。公众无法理解，艺术是不能用道德标准来评判的。艺术是超道德的，生活亦是如此。你说，真的有污秽的书籍和图画吗？其实没有，我们的创作都是来源于生活里确实存在的东西，我们用尽所有把它们表现出来。真要区分的话，只能以想象力和技巧作为唯一的标准。图鲁兹笔下的小丑和妓女是道德的，因为他表现了藏在外表下面的美；而学院派笔下贞洁的乡村姑娘是不道德的，因为她显得矫揉造作，而且甜腻腻的，不知道是在奉承谁的眼光，只看一眼就让人作呕。”

“是的，说得对。”提奥点着头，不知什么时候，他也加入进来了。“为丑陋之下的美而干杯！”有人提议，“如今马奈已溘然长逝，可是我们还有德加、图鲁兹和高更来继承他们的工作。”“把文森特·梵高的大名也加上。”图鲁兹说。“好极了，把梵高的名字列在首位！”左拉笑着对梵高说，“你已被提名为丑陋的狂热信徒啦。”之前内部的小论辩已经完全停止，众人在这一大原则上出奇的一致。

“让我们把我们的宣言确定下来吧，先生们，”左拉说，“首先，我们认为，一切真实的东西，不管其表面看起来多么丑，都是美的；我们接受大自然的一切，不得有任何否定；我们相信，触目的真实比漂亮的谎言更美，泥土之中比巴黎的所有沙龙中有更多的富于诗意的东西；我们认为痛苦是有益的，因为在一切人类情感中它是最为深刻的；我们把性格看得比丑陋更重要，把痛苦看得比漂亮更重要，把赤裸裸的严酷现实看得比法国全部财富的价值更高；我们全盘接受生活，无需在道德上加以评断；我们认为娼妓和伯爵夫人、看门人和将军、农民和内阁部长都是一样的，因为他们全都符合自然的要求，都是生活的组成部分。”

“举起杯来，先生们，”图鲁兹大声喊，“为超道德，为丑陋的信徒而干杯！愿它使我们这个世界得到美化和新生！”提奥看着激动的梵高，欣慰地笑了。

卡米耶·毕沙罗（1830—1903），法国印象派大师。1830 年生于安的列斯群岛的圣托马斯岛，1903 年卒于巴黎。在他去世前一年，远在塔希提岛的高更写道:“他是我的老师。”在他去世后三年，“现代绘画之父”塞尚在自己的展出作品目录中恭敬地签上“保罗·塞尚，毕沙罗的学生”。

法国的共产主义理想

不久以后，梵高和提奥搬进了一幢三层楼的房子。梵高每天上午都背着画架去寻觅他要描绘的景物。在荷兰，他从来不知道会有这样火热、这样久久地照射大地的太阳，也从来没见过这样纯而浓烈的颜色。差不多每天晚上他作画归来，都能赶上参加关于古比尔楼厅上的展出画作的热烈讨论。

提奥给梵高添置了许多新衣服和新鞋子，更成批地为梵高搬来了颜料、画布和其他工具。提奥知道，创作的时机已经成熟，梵高就要迎来一个全新的生活了。这天，高更来帮助梵高调配颜料，随口问道:“你从谁那儿买这些颜料的?”梵高回答:“是提奥成批买来的。”高更又提到了唐古伊，那个愿意在店里挂上塞尚的画的老头儿:“你应当光顾一下佩雷·唐古伊。他那儿的价格在巴黎是最便宜的，而且要是你没钱，他会赊给你。”

佩雷·唐古伊来巴黎之前是个泥水匠，他曾经做磨颜料的工作，后来在高坡的一个地方找了个看门的差事。现在他的老婆照看那房子，他则开始在这个地区贩卖颜料。他遇到了毕沙罗、莫奈和塞尚，由于他们喜欢他，使得高更他们也全都开始从他那儿买颜料了。唐古伊参加了上一次共产主义者的起义。在巴黎，他是头一个展出塞尚油画的人，但是他从来也不舍得卖一幅画，他是一个非常热爱艺术的人，他把油画陈列在他的小店里，这样他就能整天生活在绘画之中了。他对绘画有极好的眼光，如果他向谁要一幅画，那将会是那人正式迈进巴黎艺术之门的第一步。

这天，高更领着梵高来到唐古伊的店里，正好碰到一位顾客想要买门口挂着的一幅塞尚画的苹果图。唐古伊自然是不答应的，可是他的太太从内室走出来，殷勤地推销这幅画，她开出了一百法郎的价格，那顾客却只愿意付二十五法郎。争执的结果是，唐古伊的太太跑回她的房间，拿了一把剪刀，把边上的一只苹果剪了下来，递给了那男人并收下了二十五个法郎。“这是我最喜爱的一幅塞尚的画，”唐古伊呜咽着，“我把它放在橱窗里，那样人们就能看它一会儿，然后快乐地离去。”

等太太回到她的房间里，佩雷・唐古伊悄悄对梵高说：“你是个画家，先生，我希望你将来在这儿买颜料。也许，你会让我看一些你的画吧?”梵高爽快地答应了，他偶然间看到店里出售着些可爱的日本版画，便挑了两张，问唐古伊愿不愿意出售。当时日本版画在巴黎已经变得很时髦了，它们对青年画家影响很大。唐古伊口中说着三个法郎一张，可是他知道高更和梵高都没有钱，便依惯例赊给了梵高。

梵高和巴黎这些朋友相处越久，就越觉得自己和他们应该成立一个属于他们的共产主义俱乐部，画家负责画画，提奥负责经营，梵高觉得提奥完全有能力开创自己的画廊，没有必要去给古比尔公司打工。这样一来，印象派也能早些发展起来。他把这一想法对朋友们一说，立刻得到了响应。梵高把他和提奥的家当作了前期筹备的办公地点，房间里充满了慷慨激昂的气氛。在这儿的这些人全都是个性很强的人，他们是狂热的自我中心主义者和激烈反对因循守旧的人，提奥称他们为偏执狂。他们喜欢争论，爱斗好骂，捍卫他们自己的理论，诅咒其余的一切。

房间里那种使梵高激动得手舞足蹈、口若悬河的骚乱，却使提奥头痛欲裂。这样刺耳的喧嚣与提奥的性情完全不符，但他却非常喜欢房间里的这些人。不就是为了他们，他才去同古比尔展开这场无声的、没完没了的斗争的吗？

他们对每一个话题都能争论不休，比如修拉说道："咱们把一幅油画完成了，接下来干什么呢？咱们把它转交给某个傻瓜，由他把画放进一个丑恶的金画框，然后把咱们表现的效果全糟蹋个干干净净。现在我建议，我们绝不卖单独的画，除非由咱们自己把画装进画框，并且把画框漆好，使之成为画面的一个组成部分。"另一个人就会接上说："可是，修拉，你的话还没说完，每一幅画都得挂在一个房间里。要是房间的颜色不对头，那就会把画，连同那画框一块儿毁了。"第三个人就说："不错，干嘛不把房间

巴黎新颜料的出现，使得印象派的画色彩鲜艳很多，这个时候的梵高沉浸在研究色彩的狂热当中。他随身携带的一个日本箱子里，满是五彩的毛线球，是为了寻求更多的颜色配比效果。

漆成和画框相配的颜色呢?”然后另一个人说:“那房间所在的那所房子怎么办呢?”再另外一个人说:“还有那所房子所在的那座城市。”

梵高好不容易让他们都安静下来，对他们说:“德加这些人已经在巴黎的主干道上铺好路了，那我们就到旁边街上的小饭馆去展出我们的画。每天下午我们去把它们挂到一个新地方，按工人出得起的价钱出售。这不仅可以让咱们的作品时常与公众见面，还能让巴黎的穷苦人欣赏到优秀的艺术，并且花不了几个钱就能买到优美的画。我们让佩雷·唐古伊做经理，他管饭馆、挂画和收钱。”众人都表示同意。

不一会儿，唐古伊被请来了，他听完计划就喊起来:“对，对，我知道一个最合适的地方，饭馆主人是我的一个朋友。他那儿的墙上没东西，他准会喜欢你们去的，咱们在那儿展览完了，我还知道彼埃尔街上的另外一家。啊，巴黎有成千上万的饭馆。”计划展览的日子到了，这些画家用了整整一个钟头争论哪幅画应当挨着哪幅画。佩雷·唐古伊都快气得发疯了。饭馆主人也生气了，因为晚饭的时间就快到了，可饭馆里还是乱七八糟。

佩雷·唐古伊几乎绝望地来到梵高面前。“喂，”他说，“只有你还是正常的，听我的，拿上这两个法郎，再尽力添一些钱，把这些家伙都带到对面酒馆里，只要他们不再吵吵闹闹，只要给我十五分钟，我就能干完。”果然，等所有画家再回来的时候，画已经挂好了。接下来就是焦急地等待，可是顾客一个个付了账，向饭馆主人匆匆道了晚安，酒足饭饱地离去，却没有一个人抬头看或是询问这些画。“很抱歉，先生们，”侍者说，“已经八点半了，我们就要关门了。”佩雷·唐古伊落寞地从墙上把画取下来，搬到街上，在缓缓落下的暮色中推车朝家里走去。

可是梵高并不罢休，他跑进提奥的房间，说：“提奥，我有个好主意。我们可以开个共产主义艺术画店。我们把自己画的画全部交给你，不管你赚多少钱，大家都过平等的生活。我们可以凑集足够的法郎在巴黎开一家小店，并在乡间租下一所房子，我们全部到那儿居住和作画。图鲁兹前几天还卖出了自己的作品，佩雷·唐古伊也已经卖出好几幅塞尚的画了。我肯定我们是可以吸引巴黎购买艺术品的年轻顾客的。”提奥提出申请要睡觉，他头痛得要命，可是梵高一激动就停不下来：“不行，你可以到明天再睡。听着，提奥，如果你在古比尔感到不愉快，再加上巴黎所有青年画家们又都愿意，我们可以凑集点儿钱……”

第二天晚上，唐古伊和图鲁兹跟梵高一起走进来，提奥本来希望自己可以睡个好觉。唐古伊的小眼睛由于兴奋而闪烁着:“提奥先生，这可是个绝妙的主意，你应当这么做。我打算放弃我的画店，随你们迁居乡间。我将去磨颜料、绷平画布和做画框。我只要有饭吃有住处就行。”提奥叹了一口气:“上哪儿去弄来这笔钱开办这项事业呢？开店的钱、租房子的钱和养活这些人的钱?”他知道，他现在能扶植年轻的艺术家全是因为古比尔公司给他不少的薪水，而若真要离开古比尔去经营共产主义艺术画店，不仅是他，所有人的经济来源都是问题。

“我随身带来了这个，”佩雷·唐古伊叫道，“两百二十个法郎。这是我省下来的全部积蓄。拿去吧，梵高先生，这对开创咱们的俱乐部会有帮助的。”别的画家闻声赶来，也捐赠了他们仅有的财产。

梵高坐在起居室中央的一张华贵的桌子上，当上了司仪。“不，不，”他喊着，“不可以给工资。钱会玷污我们神圣的使命。我建议，我们将成年到头永远看不见钱。提奥将出售我们的画，我们将得到食物、住所和绘画材料。”“那些画了画儿，但永远卖不出去的人怎么办?”修拉问，“咱们得养活他们多久呢?”梵高不假思索:“只要他们愿意

唐古伊画像

留在我们这儿作画，多久都成。”“那样，”高更咕哝着，“估计全欧洲的业余画家都得上门找我们来了。”又有人想到：“那要是卖了画买了绘画材料以后还有多余的钱怎么办呢？在我们的画卖出之后，谁得到那些利润呢？”梵高毫不犹豫地道出了自己的构想：“一旦我们赚的钱多一点了，就在布列塔尼开辟一处住所，然后在普罗旺斯再开辟一处。到那时，我们就可以从一处地方到另一处地方进行旅行……”

新的春天来到时，五千法郎凑齐了。提奥准备月初就去通知古比尔公司辞职的事，他已经把特龙舍街的店面买下来了。提奥、梵高、唐古伊、高更和图鲁兹拟出了他们画店开张时的成员名单。提奥从堆积在公寓里的油画中，挑选出准备在首次画展中展出的油画。他热情而努力地把一切料理就绪，以便在夏季到来前把他们的俱乐部办起来。

梵高忙完了店面的事，回到家中看看还有什么可以帮忙。他看见自己调色板上的颜料已经干裂，蒙上了一层灰尘；颜料管被踢到了角落里；扔得到处都是的画笔上干结着变硬的旧颜料。他心中有个声音温和地问着他：“梵高，你做得不错，可是你是一个画家，还是一个共产主义组织家？”他把一大堆杂七杂八的油画搬到提奥房间里，摞在床上，只把自己到巴黎后画的画留在画室里。梵高凝视着这些画，他取得了进步，虽然很慢，但是他的色彩提亮了，他的画再也不是模仿品了。他第一次领悟到，他已经形成了一种很独特的技法。这和他所见过的一切都不同，他已经接近于获得一种非常奇特的表现手段。但是，突然地，他停下来了。

他忧心忡忡地找到了在画店忙碌的提奥，说："提奥，我要画画。我这七年辛辛苦苦一场，可不是为了去做其他艺术家的管家呀。我告诉你，我渴望拿起画笔，提奥，你知道吗？我那样渴望，渴望得简直想乘下一班火车从巴黎逃走。"提奥试图提醒梵高整个现实："但是梵高，现在，不管怎么样咱们已经……"梵高听不下去，他几乎要哭出来了："提奥，你听到我的忏悔能受得了吗？看到别的画家的那种样子，我从心底感到厌恶。虽然我敬佩他们的技法，但是我对他们的谈吐、他们的理论、他们那些没完没了的争论感到厌倦，而我竟然在这些论战中也参与了一份。难道你供养我七年，就只是为了听我高谈阔论？"

提奥理解地拍拍梵高说："你为这个俱乐部做了许多好事，梵高，我是为你骄傲的。"梵高摇摇头："当我独自在乡间时，我忘记了每天都有成千上万幅油画被人画出来，我心中只想着我那幅是唯一的一幅，并且是献给世界的一件美丽的礼物。即使我知道自己的作品将是拙劣的，我也仍旧会画下去，这种幻觉其实可以激励一个艺术家。你明白吗?”提奥点头。梵高接着说:“此外，我也不是城市画家，城市里的一切不能表达我心中的颜色，我不属于这儿。我是个农民画家，我要回到我的田野上去。我要找到一个太阳，它炽热得能把我心中除了绘画这种欲望以外的一切都烧光。”提奥还是点点头，说:“那么，你要……离开……巴黎了?”

梵高感到非常抱歉，他说:“是的，我必须离开。我打算退出我们的俱乐部。不过你应当接着干下去。”这次提奥却摇头说:“不，没有你我也不干了。我只是为了你才去干的，因为是你需要它。”他们沉默了几分钟。兄弟俩没有怪罪谁，他们只是像小时候一样握着手，准备好一起面对未来。梵高像想起来什么似的，说:“你还没有辞职吧，提奥?”提奥说:“没有，我打算一号去。”梵高说:“我想咱们可以把钱还给原主。”提奥点点头:“对，你想什么时候走?”梵高回答:“等我解决了调色板的问题就走。也许到南方去。我不知道去哪儿，反正是个能让我独处的地方。画啊，画啊，就我自己。”

梵高再也忍不住了，他怀着强烈的爱伸出手搂住提奥的肩膀，说:“提奥，跟我说，你不会讨厌我。我已经使你走到了这一步田地，自己却甩手不干了，你会不会责备我?”“责备你?”提奥无限伤感地笑了，他伸出手拍了拍放在他肩上的那只手。他为梵高举行了盛大的欢送宴会，朋友们没有怪罪梵高，也没有怪罪提奥，他们为梵高想出来一个好去处——阿尔。那里有最炽热的阳光，绝不逊色于非洲的草原。提奥来火车站送梵高，哥哥就这样一点一点地消失在了他的世界，他多么喜欢和哥哥在一起的日子，可是他尊重梵高的决定，这是他对梵高无私的爱的一种表达。

第7章：在梵高热爱的黄房子中

在阿尔的再度孤独

阿尔的太阳突然照进梵高的眼帘，他的眼睛一下子睁大了。这是个旋转着的柠檬黄的液态火球，它正从蓝得耀眼的天空中掠过，使得空中充满了令人眩目的光。这种酷热而透明的空气中呈现了一个他未曾见过的新世界。他隐约觉得，他的生命都要在这强烈的阳光下爆裂开了，他知道，他需要这种感觉，这就是激情和生命。

梵高在广场上路过的头一家旅店——德拉加尔旅店，租下了一个房间后，就迫不及待地去感受这个城市了。为了遮挡那能把人晒得发疯的太阳，这儿的胡同窄得只要梵高伸开手臂，指尖就能碰到两边的房子；又为了避开法国南部海岸凛冽的西北风，这些街巷在山坡上故意弯来拐去，没有一段超过十码长的直路，整个城市就像一座让人无法辨清方向的迷宫。

街上有乱扔的垃圾，肮脏的小孩站在门口，到处是一片不吉祥的、惶惶不安的景象，梵高的心也在不安分地跳动着。梵高来到一个罗马竞技场，他沿着竞技场的阶梯式座位一级两级地向上跳，终于他来到了最顶端。脚下的这座城市，就像一道飞泻到罗讷河的千变万化的瀑布，一幢幢房子的屋顶拼凑成一幅错综复杂的图案。房顶上铺的瓦原本是红土烧的，但是由于炽热的阳光持续不断地烤灼，竟变得五颜六色，从柠檬黄色和轻银粉红色，到刺目的淡紫色和沃土似的棕褐色，应有尽有。

午饭的时间到了，梵高回到了他租住的旅店用餐。在餐厅他遇到了一名记者，这位记者为了素材来到阿尔，已经在这里待了三个月了。他告诉梵高："阿尔是全世界最疯狂的地方，这里的人全都疯了。你只要看看他们，看看他们的眼睛是什么样子。我敢肯定，用不了一年，你要是一直待在这里的话你也会发疯。阿尔这一带的乡村，是普罗旺斯遭受烈日酷晒、受狂风鞭挞最凶的地区。那些日复一

梵高笔下的阿尔

日地受着这种刺目的阳光暴晒的人的脑子全都被烤干了。好在我已经完成了任务，明天就要走了，我好心劝你，你也一同走吧。”梵高并不以为然，就他今天看到的阿尔，并没有什么不正常的。他谢绝了记者的邀请，决心留在这里作画。

梵高每天黎明前起身，穿好衣服，然后沿河流而下步行几公里，或者深入到乡间去寻觅一个使他动心的地方。每天晚上，他都带着一幅完成的油画回来，所谓完成是指对这幅画他已经没有什么可干的了。一吃完饭，他就上床睡觉。

梵高变成了一台盲目的绘画机器，甚至他也不知道自己在干什么，他不知道自己的画是好是坏，但这一切他并不在乎。他陶醉在色彩中了。在阿尔，没人同他讲话，阿尔人对梵高敬而远之，他们看见他日出之前就背着沉重的画架跑出城去，头上不戴帽子、下巴急切地伸向前方、眼睛带着一种狂热兴奋的神情，而当他回来时，脸上的两眼像两个冒火的洞，头顶红得像没有皮的鲜肉，腋下挟着一幅未干的油画。于是，城里人给他起了个名字叫“伏热”。

梵高也不想去同谁讲话，从幼年开始的孤僻性格似乎在这时充分显现出来，他把除了画画剩下的那一点儿力气

梵高自己研磨的颜色

都用在与西北风的搏斗中去了。更糟糕的是，梵高已经不再去想成功的愿望，他作画是因为他不得不画，因为作画可使他精神上免受更多的痛苦，使他内心感到轻松。他可以没有妻子、家庭和子女，他可以没有爱情、友谊和健康，他可以没有可靠而舒适的物质生活，他甚至可以没有上帝，但是他不能没有创造的力量和才能，那才是他的整个生命。

又是许多天过去了，整座城市里还是没有人愿意和梵高说话，也没有人愿意给他当模特，一种巨大的恐惧感充斥在梵高心里。梵高又想起了那个记者对自己说的话，他觉得如果自己再不找人说说话，自己一定也会疯了。阿尔就是一个疯狂的城市。

这天，梵高路过里科莱特巷一号妓院，他没有多想，就径直走进去了。老板殷勤地迎上来："我有一个叫拉舍尔的姑娘，她挺招人爱的，把她叫来给你看看吧。"梵高坐在桌旁，点起了烟斗。从外面的大厅传来了笑声，接着，一个女孩子跳跳蹦蹦地走了进来。她滑进梵高对面的椅子里，朝他笑笑。这是一个只有十六岁的女孩子，但是她非常开朗，她的眼神里流露出一种快乐而稚气的微笑，她问梵高："伏热，你喜欢我吗?"梵高这才知道，她也是听说过自己的。

梵高尴尬地说："我很喜欢你，但是你不会害怕我吗？"拉舍尔全然不怕，她拉着梵高到自己的房间里去了，她告诉梵高她的洋娃娃的名字，接着又和梵高玩起了过家家。梵高看着拉舍尔，对她说："你叫我'伏热'，我也给你取个名字吧，就叫'鸽子'。"拉舍尔很开心，她一边问"鸽子"可不可爱，一边捏起梵高的耳朵来，她觉得梵高的耳朵比阿尔人的小，看起来很有意思。

拉舍尔问梵高："听说你在这里画画，你愿意一有空就来陪我玩吗？"梵高很愿意回到小时候，和玩伴在一起的日子，可是他回不去了，他无奈地告诉拉舍尔："对不起，我很想陪你玩，但是我不能，因为我已经没有钱了。"拉舍尔不愿意失去这个玩伴，但她还是开玩笑似的说："要是你没有钱来找我，就把你的耳朵给我吧，它看起来很可爱，我想要它，我要把它放在我的柜橱上，每天晚上跟它玩。"梵高回答："如果我后来又有了钱，我可以把它赎回来吗？"拉舍尔笑了，她说："嗯，当然可以，你真有意思，记得要来看我。"

梵高走了，因为他已经快渴死了，但是他没有足够的钱在拉舍尔那里买一杯水。阿尔的生活用品不贵，绘画材料却是极少的资源。梵高决定自己当自己的颜料工，他让

梵高《黄房子》

提奥请佩雷·唐古伊给自己寄来铬黄、孔雀石、朱砂、赤黄铅、钴蓝和群青。他在自己旅店的小房间里把它们碾碎了。这样一来，他的颜料不仅便宜而且更鲜艳持久。

后来，梵高发现这里出售的画布等等都不能满足他追求完美的要求，于是他不仅制造颜色，还亲自做绷画布的框子，给画布涂石膏，制作画框并且上漆。他顶着大太阳，在麦田里勤勤恳恳、专心致志地画了一天，画成了这样一幅画：一片翻耕过的田野，那是一大片似乎在向地平线攀登、泥土块呈紫罗兰色的田野，一个身着蓝色和白色衣服的播种者，地平线上是一片矮小成熟的麦田，凌驾于这一切之上的是一片黄色的天空和一轮黄色的太阳。整幅画充满了力量和新鲜的生命感。

他遇到一个经常见面的邮递员，那邮递员告诉他说，他的画就像邮递员自己每天路过麦田时看到的一样，有风的声音在里面，就像是当阿尔的人们都死去了，这幅画还活着一样。梵高对此非常感激，同时他提出了一个邀请，或者说是请求："罗林先生，您愿意让我画吗？"邮递员罗林没有想到他会这么问，愣了一会儿，便对梵高说："行，明天晚上您来我家和我们一起吃饭吧！虽然我们家的饭菜不算是丰盛，不过您来做客我们会很高兴的。"梵高画了罗林太太，又同罗林聊了聊人生，便离开了，罗林是梵高在阿尔唯一的朋友。

此后，梵高又过上了挨饿的日子，他画画的速度太快了，光是为了买画框就花光了提奥给他寄来的钱。他不得不赊账等待着下一笔钱的到来。月初到了，旅店的老板不仅抬高了这个房间的租金，而且决定要梵高为他放油画的小房间交一笔日间贮存费。梵高厌恶这个贪得无厌的老板，他必须去找个永久性的住所和自己的画室。

一天傍晚，当他和罗林一起穿过拉马丁广场时，他发现在离他住的旅馆不远的地方，有一所黄颜色的房子，上面写着“待租”的广告。这所房子中间有个院子，两侧是楼房。它正对着广场和山坡上的市区。梵高在罗林的建议下租下了这所黄房子右侧的房子，只要十五法郎，这才是他付给旅店店主的三分之一，甚至比他在海牙租的那间画室还便宜。

梵高用头天提奥刚寄来的钱租下了黄房子，又买了一张便宜的床垫和一把椅子搬回了黄房子。他决定用底层的房间作卧室，上面的房间作画室。他把床垫扔在红砖地上，把椅子搬到楼上画室里，然后，他最后一次回到他住的那家旅店去搬那些画。旅店主人编出了一些理由扣下了梵高的二十个法郎才让梵高拿走那些画。当梵高回到黄房子时，他只剩三个法郎了，而这需要为他抵挡十天的饥寒。不过，饥饿已是梵高遇到的最轻的磨难了。

和高更的论辩

在梵高入住黄房子的第二天，他收到了他的朋友保尔·高更来的一封信。高更病魔缠身，不名一文，倒霉地被扣在布列塔尼半岛上阿旺桥的一家咖啡馆里。高更在信中写道："我的生活很艰难，但这主要不是因为我在挨饿生病，而是我的旅店主人扣着我的画不还给我，而我暂时无法还钱给他。我以为艺术家不必接触钱这样的东西，就连提到它也是低俗的，但是在各种折磨人的痛苦中，没有什么比缺钱用更让人恼火的了，可我命里注定得一辈子受穷。"

梵高想起世上的许多画家们，他们备受烦忧、贫病交迫，为他们的同类所鄙弃和回避，忍饥挨饿，遭受痛苦的折磨直到死期将至。他想不通，这些画家究竟是犯了什么样的滔天大罪才使他们沦为被遗弃的流浪汉和贱民。高更这个有前途的画家将会成为怎样的色彩家和前所未有的杰出人物啊，他不应该住在这样悲惨的咖啡馆里。

梵高悲痛地把信塞进口袋，来到河边散步，一些穿着肮脏的蓝色和白色衣服的工人来来往往，正在从船上把货物搬上岸。梵高立刻想起了巴黎，想起了佩雷·唐古伊小店里的日本版画……并且也想起了保尔·高更，他是所有的朋友中梵高最珍爱的一个。梵高顿时明白了他应该做的事。那所黄房子可以住下两个人，他俩每人都可以分别拥有自己的卧室和画室。如果他们自己做饭，自己研磨颜料并且不乱花钱，他们就可以靠他每月的一百五十法郎活下去。房租不会比现在多，食物花的钱也很少，而他身边却又会有个朋友了，而且是个讲着画家的语言、懂得画家的技巧的画家朋友。

在此之前，梵高自己还没有觉察到自己是怎样的寂寞孤独。他再一想到，即便靠自己的一百五十法郎养活不了他们俩，提奥也许还可以多寄五十法郎作为高更每月交出的油画的报酬。他决定了一定要叫高更到阿尔来和他同住，

在等待高更到来的这段时间，他像小学生等待老师一样充满期盼。为了让“老师”到来的时候有个惊喜，他开始创作《向日葵》。梵高一生画了许多向日葵，有《花瓶里的十二朵向日葵》《花瓶里的十四朵向日葵》，唯独没有十三朵的，因为基督教里，十三是不吉利的数字。

普罗旺斯炽热的阳光会把他的病全都烧光，就像它曾经烧光梵高的病一样。不久他们就会有一间热火朝天的画室了，他们的画室将是南方的第一间画室。他们将使绘画充满阳光和色彩，让人们看到大自然的灿烂绚丽。

黄房子给予梵高一种安宁感，他过去生活得太漂泊无定了，到处漫无目的地流浪。然而现在他决定再也不走了。他在画画之外，省下每一个法郎为黄房子添置些东西，准备迎接高更的到来，甚至连高更刷牙杯子的颜色都是他精心挑选过的。当他没钱雇模特时，他就站在镜子前面，一遍又一遍地画自己的肖像。提奥已经答应了为高更多支付五十法郎，但是高更的身体还应付不了长途的旅行，不过高更已经答应，身体好些就过来和梵高同住。阔别多时的老友就要见面，这让梵高感到非常幸福。

高更终于在拂晓前到达阿尔，然后就在一家通宵营业的小咖啡馆里等着天亮。咖啡店里的老板看了看他，叫起来:“你是‘伏热’要等的画家朋友吧？我认得出你，你的装扮和行为跟‘伏热’一模一样。走，我带你去见他，在这里你不晓得要等多久才能等到他，他最近没什么钱不常来这里。”说罢，他带着高更到了那所黄房子。高更把梵高叫了起来，两个人见面，欢喜得又叫又闹，仿佛要把整个黄房子都震倒了。

梵高帮高更解开旅行袋，向他询问巴黎的消息，又开始介绍他们拥有的画室和卧室，他们热烈地交谈了好几个小时，他们在生活上做了些安排。在厨房墙上，他们钉了一只盒子，把他们一半的钱放进去，他们还放上一些纸片和一支铅笔，用来把他们取出的每个法郎记下来。他们把剩下的钱放在另外一只盒子里，分成几份，那是每周购买食物的钱。

梵高为高更做了一个汤，不过等他晚上把汤端上来时，高更却无法下咽。“这汤你是怎么调配的，梵高，我真是无法想象。我敢说，这就像你配你那些画里面的颜色一样，”高更毫不客气地指责，“你依然在新印象主义的老路上蹒跚。我觉得你最好别那么做，那不适合你，真的。”于是梵高把他的汤盆放到一边，非要高更说出个究竟。高更随手一指墙上的向日葵，说:“比方那些刺目的黄色，完全杂乱无章。”梵高看了一眼墙上的向日葵镶板，说:“这就是你对我这些向日葵的全部看法吗?”高更接着说:“不，老朋友，我能找出许多可批评的地方哪。例如，你那些画的协调问题，它们单调乏味，而且不完整。你整天迷恋着蒙提切里，但他的作品毫无价值。”梵高禁不住大喊道:

“我打算画十二株向日葵，成为一首蓝色和黄色的交响乐。”梵高为自己的家买了十二把椅子，因为耶稣有十二个门徒。梵高特意为高更买了一把更精致高贵的椅子，可见他对高更的重视。（左图是梵高自己的简陋的椅子，右图是为高更准备的高贵的椅子）

“蒙提切里是个伟大的画家，他比他同时代的任何人都更懂得色彩！”高更也不认输：“他是个喝醉了酒的白痴，你以为他还是别的什么？你怎么会崇拜上他那样的人？”梵高隔着桌子怒视着高更，汤盆掉在红砖地上，摔碎了，梵高便回到自己的卧室锁上了门。

第二天早晨，昨天那场争论已经被遗忘了。梵高和高更一起喝了咖啡，接着就分头去寻找自己要画的东西。晚上，当梵高筋疲力尽地回来时，发现高更已经在那个小煤气炉前准备晚饭了。他们平静地交谈了一会儿，随后谈话便转到画家和绘画这个唯一让他们深感兴趣的话题上来。

战斗继续进行着。高更崇拜的那些画家，梵高看不起；被梵高奉若神明的人，却为高更所嫌恶。他们在任何其他问题上，都能以平静而友好的态度进行讨论，然而绘画却是他们生活中最重要的东西，所以他们都竭尽全力地为各自的思想而战。经历了一场这样的争论，他们的头脑都累得就像刚放过电的电池一样。“你不可能成为艺术家，”高更宣告，“除非你能在看过大自然后，回到画室再冷静地把它画出来。”梵高绝不妥协：“我不愿意冷静地画，你这个对生活毫无渴望的人。我要热血沸腾地画！这就是我到阿尔来的原因。”

第二个周末，他们两人和好如初，便相约到拉舍尔在的那家妓院去。“高更先生，”店老板路易斯说，“您是个艺术家，也许您会愿意对我去年从巴黎新买来的两幅画发表意见吧！是从古比尔公司买来的，您请，先生！”梵高发着牢骚，他来过这里许多次，店老板也没有让他帮忙看画。突然，从隔壁传来一声大喊，梵高冲进去，只见高更躺在地上断断续续地说：“梵高，你，你看，我们曾经谈论的美与丑是多么……正确的。路易斯为他的妓院买的会客宝，你看……从古比尔买来的，两幅都是正统学院派的作品，那些号称纯洁高尚的作品啊。”

狂暴的西北风刮起来，风把人们阻留在家里。高更没法工作，梵高也是，他们又开始无休止地论战。高更不断地惹梵高发怒来消磨时间，他从来没见过有人像梵高这样单纯地为了一些想法就如此大动肝火，梵高成了高更唯一的玩物。四五天之后，他们之间的狂风暴雨已经变成了不动声色的阴雨，高更告诉梵高：“有几个曾经与我交往甚密，并且时常爱跟我讨论问题的人都疯了。”梵高并不相信：“你是在威胁我吗？”高更说：“不，我是在好心提醒你。要是出了事，你千万别埋怨我。”

梵高知道高更内心是善良的，他乞求道：“唉，高更，不要和我吵架了好不好？咱们完全可以干些有意义的事，我知道你是个比我高明的画家，我知道你可以教给我许多东西。我不愿意你鄙视我，我辛辛苦苦地干了九年时间，你完全明白艺术家的艰难，不是吗?”高更也是愿意帮助梵高的，可是他控制不了自己。

接下来的日子，梵高和高更白天画上整整一天，晚上又打上一夜架，根本不睡觉，吃得也极少。过多的阳光、色彩、兴奋、烟草和苦艾酒充斥着他们的身心。他们受着风吹日晒和自己创作欲望的折磨，彼此间的愤怒狂暴也使他们感到苦恼。

一天晚上，他们到咖啡馆去，梵高要了一杯苦艾酒。突然，他拿起杯子朝高更的头上扔去。高更躲开了，他把梵高整个人抱了起来，穿过广场。梵高后来隐约发现自己躺在床上，顷刻间便睡着了。“亲爱的高更，”第二天早晨他非常平静地对高更说，“我模模糊糊地记得我昨晚冒犯了你。”“我真心诚意地原谅你，”高更说，“不过，昨天那样的事也许还会发生。而且，要是你打着了我，我一定会把你掐死的，有时候我控制不了自己，这些天的争吵也是如此。所以，请允许我给你的弟弟写封信，告诉他，我打算回去了。”

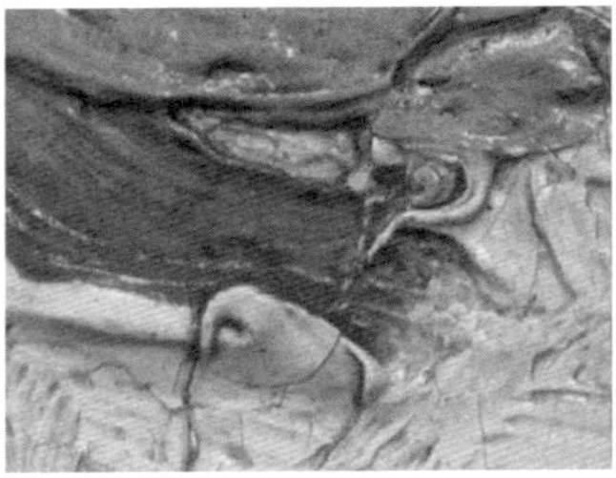

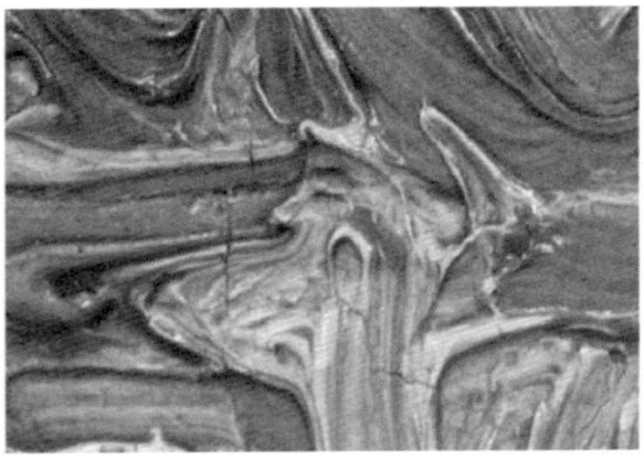

梵高非常重视质感，很多笔触是向上提起的，创造出花芯怒放的感觉。尤其是背景中的交叉十字笔触，打破了传统的构图和笔触规则。梵高很多地方的笔触充满遒劲的爆发力，只有观看到原作的人才能看见这样的笔法。

梵高《向日葵》组图

这几乎要了梵高的命:“不！不！高更，你不能这么做。就这么丢下这所黄房子吗？这里面的一切都是我为你准备的呀。”整整一天，风雨大作，梵高不顾一切地力争把高更挽留下来，又是央告，又是引诱，又是诅咒，又是威胁，甚至还抹了眼泪。在这场战斗中他表现得更加坚定，因为他觉得能否让他的朋友留在黄房子里关系到他的一生。黄昏时，高更已经疲惫不堪，为了能休息一会儿，他让步了。

黄房子里的每个房间都充满了紧张气氛，并且由于这种令人激动的气氛颤动着。高更没法入睡，直到拂晓前他才打起瞌睡来。几天来，每次他刚刚睡着就会发现梵高站在自己卧室门口，一句话也不说，这时高更就会大喊:“滚回去睡觉！”梵高便回去了。但是这样的情况反复出现，他们决定白天一起出去走走，彻底解决两人之间的问题。

艺术家的疯与死

一路上，两人还是争执不断，不经意间，他们又来到路易斯的妓院。高更跟着一个女子上楼去了，梵高坐在楼下和拉舍尔说话。“你跟我上楼吗，‘伏热’？”她问。梵高回答：“不。”拉舍尔问：“为什么不？”梵高直说道：“我没有足够的钱。”拉舍尔想起了上次的对话，便问：“那你愿意用你的耳朵来顶替吗？”梵高说：“好吧。”

过了不多一会儿，高更下楼来了。两个男人下山回到黄房子。高更匆匆吞下了他的晚饭，没有说话就走出了大门。正当高更快要穿过拉马丁广场时，他听到身后一阵熟悉的脚步声——急促、细碎而不均匀。他转过身来，梵高朝他冲来，手中拿着一把打开的剃刀。高更神色严厉地站在那儿望着梵高，然后梵高低着头走了过去。这天，高更担心梵高会做出什么疯狂的事，为了让两个人都静一静，他去了旅店，订了一个房间，锁上门，然后就上床睡觉了。

梵高走进黄房子，走到自己的卧室。他拿起那面他曾经对着画过许多次自画像的镜子，又把镜子放在靠墙的梳妆台上。他看着镜子里他那双布满血丝的眼睛，又听到耳旁有叽叽喳喳的嘈杂的、让他烦躁的声音，仿佛末日已经来临。他举起剃刀，割下了他的右耳。接着他扔掉剃刀，用毛巾把头包上。血滴到地上，他从脸盆里捡起他的耳朵，洗了洗，用几张速写纸把耳朵包起来，走到了拉舍尔跟前。拉舍尔打开纸包，望见那只耳朵，顿时晕倒在石板地上。梵高转身走开。他下了山，穿过拉马丁广场。从身后关上了黄房子的门，上了床。

第二天早晨，高更回来时，他看到一群人聚在门前。罗林绝望地呵斥高更："你对你的同伴做了什么，先生？"高更一脸茫然："我不知道。"周围的人并不罢休："你很清楚，他已经死了。"高更好半天才使自己镇静下来，人群的目光仿佛要把他的身体撕成碎片。"咱们上楼吧，先生，"他结结巴巴地说，"在那儿咱们可以把话说清楚。"

下面两个房间的地上扔着一些湿毛巾。血迹染污了通往梵高卧室的楼梯。梵高躺在床上，看起来已然生气全无。高更轻轻地触了一下那身体，他还有热气。这使高更突然

梵高给割掉耳朵的自己画的画像

之间完全恢复了他的活力。“我不知道他怎么会这样，但是他一定精神不太好，”他低声对警察长说，“把这个男人唤醒，要非常小心地弄醒他。如果他问到我，告诉他我去巴黎了。他要是看见我，我们一定会再次争吵，以他这样的身体，他会死的。”警察长叫来一位医生和一辆出租马车，他们把梵高送往医院，罗林气喘吁吁地跟在车旁跑着。

当梵高醒过来时，他躺在医院里，提奥已经在他身边了。他的弟弟提奥，在此生他最需要他的时候，就一定会陪在他身边。梵高已经没有力气说话，也不用说话了，虽然高更自己的情况也不好，但是他还是强撑着理智地告诉了提奥有关梵高的境况。这些天来最好的事莫过于提奥带来了一个好消息，他遇到一个荷兰女孩，像他们的母亲一样善良。梵高很开心提奥找到一个他喜欢的女孩，他更开心的是，有人可以照顾提奥了，而他自己很快也将获准出院。提奥在向医生确认梵高的身体已经康复之后，终于在梵高的催促下回到了巴黎。

但其实，雷伊大夫曾经告诉梵高说，他从来就没有正常过，只是梵高自己不觉得这是什么大事，所以雷伊大夫又观察了他几天，并开了些药给梵高之后，梵高就出院了。他又回到了黄房子，并记得去向拉舍尔道歉。罗林不断地

梵高《落日下的柳树》

安慰他说，在阿尔这不算什么大不了的事，整个阿尔的人都或多或少有些发疯的。梵高再一次想起了他刚到阿尔时遇上的那个记者，不过他想自己还不至于发疯，只不过艺术家都多少有点疯狂的气质。

梵高重新看到了灿烂的阳光和金黄的麦田，他的创作力又散发出来，他对大自然的感觉和他几个小时就能完成一幅大张油画的才能也都恢复了。他每天创作出一幅新画，每天他的情绪都在升高。就这样，他一口气画成了三十七幅油画。梵高简直以为自己已经完全康复了，沉浸在绘画当中的幸福生活又可以开始了。直到有一天清晨，他刚刚醒来，那些奇怪的叽叽喳喳的声音又回到他耳朵里，给他讲些不知所云的故事。夜幕初降，他走到一家灰色的饭馆，坐在一张小桌子前，叫了一份汤。女仆把汤端上来，他耳边响起了一个尖利的声音向他发出警告，他立刻把汤盘推到地上，盘子摔成了碎片。“你想毒死我！”他尖声叫嚷着，“你在汤里放了毒药！”他跳起来，踢倒了桌子。有的顾客夺门而逃，其余的呆呆地望着他。“你们全都想毒死我！”他喊着，“你们想谋害我！我看见你把毒药放进了汤里！”几分钟后，两个警察进来再一次把他抬到山上的医院里去了。

在医院里，梵高格外安静，他似乎意识到自己是有些什么毛病，但他说不出来。他和雷伊大夫谈论着自己精神的紧张和崩溃，雷伊大夫也只能开些药给他，并叮嘱他不要过多地作画，因为画画让他丧失了理智。梵高听从了他的建议，在医院又住了半个月便回黄房子去了。此时阿尔的人们已经把割掉一只耳朵、又认为别人对自己下毒的“伏热”视为一个彻头彻尾的疯子了，他们在路上撞见梵高就会绕开，而小孩子们更加过分，他们反反复复地唱着“‘伏——热’，‘伏——热’，把你的耳朵扔过来！把你的耳朵扔过来！”

梵高被他们弄得不得安宁，那些声音不分白天黑夜地在他窗前响起，他拿起黄房子里的碗碟和杯具向窗外砸去，意图制止这些奚落的声音。可是这些小鬼就像恶魔一样缠着他，就连梵高在梦里也能听到这些讨厌的声音。几天下来，他已经把精心布置的黄房子里面砸了个稀巴烂。每一件东西被摔坏，他的脑海中就会闪过一个有关他在黄房子中度过的日子的回忆；每一声脆响，他的眼前都会浮现出一个为了装备自己终生居住的房子，而省吃俭用，一件一件买下这些东西的画面。房子被他扔空了，他的每一根神经都在颤抖。

居民们写信给市长，要求市长把梵高关起来，因为他的行为让邻居感到不安全。这天梵高还躺在床上，两个警察破门而入，把他关进了监狱。他们不让梵高和外界通信，幸好雷伊大夫知道了他被抓的事，连夜到监狱看他。

雷伊大夫对梵高说："你不能再回黄房子去了，很难说你这种癫痫病的发作会隔多久再来一次。如果你处在和平、安静和愉快的环境，而且又不让自己激动，你也许就不会发作了。可怕的是，这种病也许会每隔一两个月发作一次，而我们又无法知道它究竟在什么时候发作，为了保护你自己，以及你周围的人……我想，你最好还是……进……"梵高绝望地接话："精神病院，你认为我是……"雷伊大夫摇摇头："不，梵高，你不是。你和我一样神志正常。可是这种癫痫病的发作和任何一种热病都一样，可以使人失去理智，这并不是说你精神有问题。这附近有一个叫圣雷米的地方，那里的一所精神病院接受三个等级的病人，三等病人每月只收费一百法郎。这地方原来是个修道院，紧贴着山根，它非常美，我想你会喜欢去那里画画。"

梵高点点头，他实在不想给提奥添更多麻烦了。提奥一直希望梵高回巴黎去由他亲自照顾，但在雷伊大夫的建议下，他勉强同意了让哥哥先住进这里的精神病院。提奥寄来了钱，替梵高还清了所有的账，又打听了梵高的地址，准备一有时间就过来照顾梵高。

雷伊大夫护送梵高来到了圣雷米，一把锁在梵高身后锁起来，梵高就正式住进了精神病院。一个修女带着梵高来到他的床前，他惊讶地发现这里的人很麻木，不读书，不玩，甚至不说话。他放下行李，就来找他的主治医生佩隆大夫。梵高急切地想知道发生在自己身上的事是怎么回事:“大夫，你是癫痫病的专家，你能解释一下为什么我要把自己的耳朵割掉吗?”佩隆大夫尽力让梵高安静下来，然后说:“对于癫痫病人来讲，这不算稀罕，病人在听觉神经变得特别敏感时，便以为割掉外耳就可以使这种幻觉中止。不过你别担心，你只要在这里安静地待着，你就不会再听到那些奇怪的声音了。”梵高点点头回去了。

过了一会儿，梵高睡着了。邻床发出的低沉的呻吟声吵醒了梵高，这呻吟声越来越大，直到突然变成了嚎叫和滔滔不绝的话语，旁边一个经验老道的病人爬起来按住了那个人，喂他服下了安眠药，其他人也似乎对这样的情况见怪不怪，他们看到已经没事了便继续在自己的床上打起鼾来。梵高惊呆了，一夜没有合眼。

第二天早上，梵高正在观看病人们玩木球戏，突然有个人猝然倒地，抽搐起来。“快，他癫痫病发作了，”有人喊着，“抓住他的胳膊和腿。”因为这所精神病院的修女们都在忙着照顾一等和二等病人，佩隆医生更是每周才和三等病人们见一次面，所以三等病人不得不相互充当医生和护士。他们形影不离，发作的时候互相帮助，而且总是怀着无限耐心。他们每个人都明白，不久就又该轮到自己头上了，到那时他也将需要自己邻居的帮助和容忍。这是个疯人互助会。

梵高庆幸自己来到这儿，由于目睹了疯人生活的真实情况，他慢慢地摆脱了那种模模糊糊的恐怖，那种对精神错乱的畏惧。他渐渐地把疯癫看成了和其他疾病一样的一种病。到了第三个星期，他发现他的伙伴们并不比患了肺病或者癌病的病人可怕。他向佩隆医生申请了一间小画室，他告诉医生，不画画他会疯的。佩隆医生在得到提奥的许可后给了梵高一个小房间。

提奥结婚了，他和他的妻子乔安娜经常给梵高写信。为印象派奔走的巨大工作压力让提奥的身体不太健康，梵高为他弟弟担忧甚于为他自己，他恳求乔安娜给在饭馆吃了十年饭的提奥做些有益健康的荷兰饭菜。乔安娜是个非常贤惠的妻子，她把提奥照顾得很好，过了一些时间，她

提奥的妻子和儿子

便怀孕了。

梵高觉得现在的提奥非常幸福，他不用再担心提奥了，而对于他自己，工作比任何别的什么都更使他感到轻松，只要他全力以赴地投入工作，就很可能是最好的治疗方法了。他觉得，病室里的那些人可能会无可救药地慢慢衰竭而死，但他有他的绘画，那会使他变成一个健康愉快的人，然后走出这所精神病院。他非常配合医生的治疗，几个月后，佩隆医生便同意梵高去取回他在黄房子中画的那些画。

可是，梵高回到了阿尔，一见到那所黄房子和广场上被晒得泛白的地面就头晕目眩，他没能再按计划去拜访罗林和雷伊大夫，他只想逃离这里，他飞快地往回跑，却不知什么时候倒在了地上。精神病院的医生和修女们在一条水沟里找到了梵高，他们把他带回了精神病院。

梵高感到非常沮丧，他原以为只要稍加注意，自己就可以用强大的意志力抵抗精神上的疾病。更让梵高沮丧的是，这一事件让他再也不能外出了。他每天躺在病床上，手已经快要麻木了，他跑到画室去想要开始作画，但是他的窗外永远是一方窄窄的天空。他渐渐明白，只有彻底治好病，他才能重获自由，可是无论他如何询问，都没有人肯告诉他究竟彻底治好病需要多久。他不得不开始观察自

梵高《星空》

己，他发现他的发病周期是三个月，只要他按时服药，并且避开发病的日子，他就能和正常人一样控制自己。他对佩隆医生讲述了这些，佩隆医生终于答应让他在不发病的时候出去一两次。

梵高背着画架来到原野上，这里有大片的丝柏树，他大概是在精神病院待得太久了，他一见到这些树就爱上了它们。这天，梵高支起画架，用尽全身的力量把色彩泼在白色的画纸上。渐渐地，他眼前的夜色和丝柏树就永远定格在他的画面里了，星云与棱线宛如一条巨龙不停地蠕动着，暗绿褐色的柏树像一股巨型的火焰，由大地的深处向上喷出，画面上所有的一切似乎都在回旋，转动，在夜空中放射着绚丽的色彩，这幅画就是后来举世闻名的《星空》。

梵高于 1889 年创作的《星空》是传世名作。而且在物理学家眼中，这幅作品还有很高的科学价值——可能为破解物理学难题提供了新思路。画面中一个个大大小小的湍流，也是物理学的专业术语。湍流涉及从微观到宏观多种不同类型的运动，内部外部的能量交换也非常复杂，被称为“经典物理学最后的疑团”。科学家一直试图用精确的数学模型来描述湍流现象，至今鲜有圆满的解决方案。

然而，科学家对《星空》进行研究后发现，画中看似抽象的光影“湍流”，竟符合“柯尔莫哥洛夫微尺度”，这是一个关于湍流现象非常高深的物理学理论。莫非，大画家梵高同时也是物理学家？

几天以后，他被叫到佩隆大夫的办公室签收一封挂号信。是提奥寄来的，他撕开信，看到一张用他的名字开出的四百法郎的支票，这是他第一次拥有这么大数目的一笔钱。原来，他的一幅油画卖了四百法郎，那是去年春天他在阿尔画的《红葡萄园》，买画的人是安娜·鲍克，一位荷兰画家的姐妹。提奥在信中邀请他回到巴黎来，提奥还打算介绍一位叫伽赛的大夫给他认识，伽赛在离巴黎只有一小时路程的奥维尔有个家，许多重要的画家都曾在他家画过画。伽赛自称对癫痫病完全了解，并且说，无论什么时候梵高愿意去奥维尔，他都愿意照料梵高。梵高有些迫不及待了，因为提奥在信中还提到，他有了一个儿子，并且他和乔安娜给儿子以梵高的名字命名。

梵高准备在下一次发病结束后，就到巴黎去，因此他要在下一次发病时控制好自己，这样才能保证去了巴黎不给提奥添麻烦。他决定下次即将发作的时候，就停下工作，躺到床上，准备好生一场时间不长的小病。他想过不了几天他就又可以起床，就好像他只不过得了一场轻微的感冒一样。

可惜，事与愿违。梵高算好了日子，提前四十八小时躺在了病床上，什么也不干。第一天过去了，第二天也没有任何异常，梵高暗暗笑话自己，说不定自己已经完全被提奥传来的好消息治好了。就在第三天快要过去的时候，他走出病房准备到画室去收拾东西。这时，负责看护精神病院的修女们口中念念有词地从走廊上快步走过，像一个个鬼影，她们念的东西让梵高头疼。从在博里纳日看到那些虔诚矿工的苦难日子起，梵高就很反感宗教的东西了，他跑出画室到了一口枯井旁边，好像在布道一样地自言自语，却没有人听得懂他在说些什么。

几天后，梵高恢复了意识，他的病友们似乎也已经习惯了他的疯癫，他们把他弄回到床上，就不再理会他了。梵高想起了那些可怕的修女的鬼影，他觉得这里不再适合他养病了，他飞快地收拾好行李，拿上支票，逃出了这所精神病院，登上了前往巴黎的火车。

第8章：生命的尾声

重返巴黎

提奥接到梵高离开精神病院的消息，便算好日子到车站来等梵高。他想好了，如果等不到梵高，他就直接坐火车去那所精神病院，就算是只能靠闻着哥哥的气味也要找到梵高。幸运的是，梵高真的像健康的人一样，提着两个箱子，来到了巴黎。他跟着提奥向提奥家走去，乔安娜已经抱着同名的小梵高等在家门口了。

梵高慈爱地看着提奥的孩子小梵高，他觉得自己没有能够当一个父亲，可是提奥可以当父亲了，这是多么美好的事啊！他一边逗弄小梵高，一边听提奥说话。原来，提奥已经通知了他们在巴黎的那些朋友梵高回来的消息，那些年轻的印象派画家都赶着来提奥家里探望梵高，只可惜高更已经不在其中了。

在图鲁兹走进来的时候，梵高看到一个不认识的面孔跟了进来坐在角落里。“请你介绍介绍你的朋友好吗？”梵高请求道。“那不是我的朋友，”图鲁兹笑了，“那是我的看守。”

一阵令人痛苦的沉默过后，图鲁兹平静地说道：“莫非你没听说？我已经有几个月精神不健全了，他们说那是癫痫病。”梵高脑子里空空的，他想换一个话题，他看了一眼人群，少了几张熟悉的面孔。

“乔治·修拉进展如何？”梵高问道。图鲁兹还是那么平静，仿佛这是他意料中的结果：“修拉得肺病快死了，医生说他活不过三十一岁。”在梵高的印象中，修拉本来是非常健壮的，怎么可能突然生这么严重的病呢？提奥看出了他的疑惑，接过话说：“他劳累过度了，你有两年没看见他了吧？你走后他疯狂地运用他的点彩法作画，像着了魔一样，一天才睡两三个钟头，母亲的劝告也毫无意义，可怜她只是哭，丝毫帮不上忙。”梵高陷入了深深的恐惧中，难道不只是自己，连其他那些伟大的艺术家也要遭受这样的苦难吗？他不敢再问下去，只觉得昔日争论的美好时光

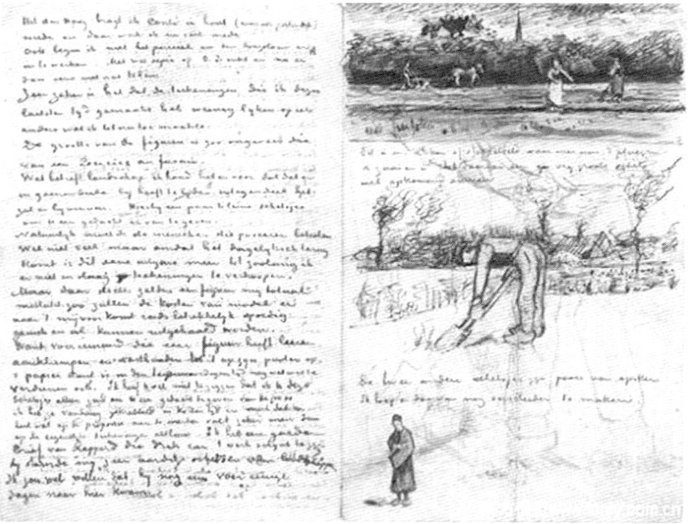

梵高在埃顿时写给提奥的信。现藏于阿姆斯特丹梵高博物馆。

已经过去了。

有一天，梵高在提奥的书桌里翻找东西，无意中翻到一大捆用粗绳捆起来的信件。他不胜惊愕地发现那都是他写给提奥的信。提奥把哥哥从到海牙古比尔公司的那一天起，二十年来所写的信，一封不缺地保存了下来。那是整整七百封信，梵高很纳闷提奥何必要保存这些信。在书桌的另一边，他发现了过去十年中他寄给提奥的素描,全都整整齐齐按照时期先后排好了。这里有博里纳日时期画的那些正俯身在矿石山上工作的矿工和矿工妻子们，有埃顿附近田野上的挖掘者和播种者，有纽恩南的吃土豆的人和织工们，有巴黎的饭馆和街头风景，有他在阿尔初期画的向日葵和果树的速写，还有圣雷米精神病院的花园。

梵高惊讶得不知该说什么，提奥是在记录梵高一点一滴成长的印记，他是那样细致认真，甚至不会为他自己做这么多。梵高的眼眶湿润了，他突然不觉得上帝一直没有眷顾自己，因为他派来了提奥，提奥就是上帝派给他的天使。提奥不仅供养他，还全心全意地珍爱他，他决定要听从提奥的一切安排，他不愿意再打乱提奥的生活，提奥已经有了幸福的小家庭了，而这是梵高希望看到的，所以无论如何，梵高不会再像以前那样任性了。

不过首先，他要完成一个毕生的梦想，他要举行一次完全是他个人作品的画展。他把提奥挂在家中墙壁上的画都取了下来，除去了素描的包装，然后把未装画框的油画从每件家具下面拉出来，非常仔细地把这些作品按时期分好类，然后，他选出那些能展现出他所画地方的精神的素描和油画。他在门厅里钉上了约三十幅初期习作，其中有博里纳日人走出矿井的、俯身在椭圆形火炉上的，以及他们在简陋的小屋里吃晚饭的。“这是炭笔画室。”他对自己宣布。

他扫了一眼其余的房间，决定把浴室也利用起来。他站在一把椅子上，把埃顿的习作钉成一排，那都是描绘那些农民的习作。“这一间，是木工铅笔画室。”他的下一个目标是厨房，在这儿，他挂起了他在海牙的写生，其中有从窗中俯瞰木材厂的景象、沙丘和正被拉上岸的渔船。“第三室，”他说，“水彩画室。”在小小的备用客房里，他挂起了描绘他的朋友德格鲁特一家的油画《吃土豆的人》，这是他第一幅充分表达了自己见解的油画。在这一幅的周围，他钉上了几十张描绘纽恩南的织工和农民的习作。

在自己的卧室，他挂起了巴黎时期的油画，那是他成熟最快的时期。在起居室，他把每一幅能排进去的光彩四射的阿尔油画都挂到了墙上。在提奥的卧室，他挂起了他在圣雷米精神病院期间创作的画。他把这项工作完成后，又把地板打扫干净，接着便穿上外衣，戴上帽子，下了楼。

十二点刚过，提奥从街上拐进来，快乐地向家中的人们挥着手，梵高、乔安娜和孩子在门口迎接他。梵高说：“提奥，乔，我打算带你们去看一个梵高画展，你们要准备好接受这个大的惊喜。”梵高推开门，提奥家的三个成员走进了门厅。提奥和乔安娜环视四壁，惊呆了。

梵高接着按正确的时间顺序，带着他们从一个房间到另一个房间。他们站在那儿就像三个在艺术画廊里的参观者，在看一件件代表一个人一生的作品。他们感觉到了这位艺术家缓慢而痛苦的进展，朝着表现手法的成熟所进行的摸索，在巴黎发生的巨变，以及他强大的心声在阿尔充满激情的爆发，还有集聚了多年辛勤劳动的全部心血，然后竟是崩溃的圣雷米时期的油画，还有他为了保持创作的热情所进行的艰苦斗争，最后是慢慢地离去。在短短的半小时中，一个人在世间逗留的生活历程再现在他们面前。对梵高来说，让他最珍惜的人看到这些就已经足够了。

提奥再一次跟梵高提起伽赛大夫的时候，梵高不再那么抗拒了。他知道如果提奥这么建议的话，那一定是对他和提奥最好的安排。提奥想要把梵高交给伽赛大夫的原因则更加无私，一方面，他担心梵高的身体不能适应巴黎喧嚣的环境，但是他又绝不肯让哥哥再孤身一人在那么远的地方生活，伽赛大夫所在的奥维尔是最合适的地方；另一方面，他知道绘画是哥哥的生命，而能容忍甚至合理地鼓励一个精神病人画画的大夫无疑只有伽赛大夫一人。

提奥曾经在独立派画展上展出了梵高画的阿尔夜景，伽赛大夫看到后，认为那是本次画展的全部展品中最好的油画。提奥为有人赏识梵高的才华而非常激动，他又给伽塞看了梵高为高更和那所黄房子画的向日葵镶板画，伽赛大夫的眼泪几乎都要涌出来了，他转头对提奥说:“你哥哥是一位伟大的艺术家。在以往的艺术史上还从来不曾有过和那些向日葵花的黄颜色一样的东西。就凭这些油画，先生，就可以使你的哥哥永垂不朽。”

提奥知道，伽赛大夫如此珍惜梵高，一定不会像其他大夫对待精神病人那样冷酷，而与画共生的梵高必然要在伽赛大夫那里才能获得拯救。提奥把这一切告诉了梵高，梵高搔搔脑袋，咧嘴笑了，他说:“要是伽赛大夫对我的向日葵是这么看的，他和我倒一定能合得来。”这天，提奥帮梵高收拾完东西，就送他来到了奥维尔。

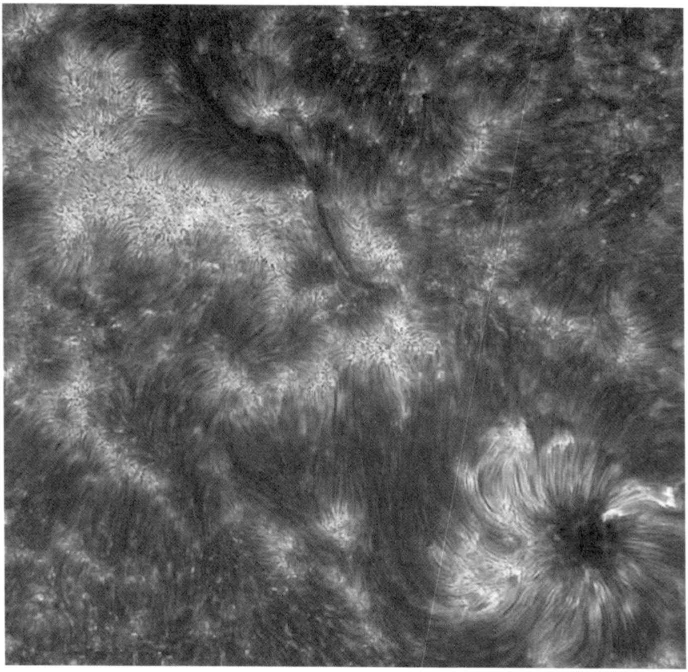

据国外媒体报道，意大利佛罗伦萨的太空科学家凯文·里尔登博士近日拍摄了一张太阳表面热漩涡运动的图片。这张图片色彩浓烈，红色、橙色和黄色三种色彩交相辉映，热烈而奔放，又含有印象派色彩，宛如未被发现的荷兰画家梵高的一幅杰作。

和伽赛大夫在一起的日子

伽赛大夫早早就到车站迎接提奥和梵高，他是个容易紧张、兴奋，有些神经质的小个子男人，他的眼神中流露出一种忧郁的渴望，在见到梵高的一刹那，他就热情地紧紧握着梵高的手。他们俩一见如故，梵高好奇地询问这里的工作环境，伽赛大夫则忙不迭地回答："是的，是的，你将会发现这是个真正的画家之乡，你准会喜欢这儿。看你把画架带来了，你带的颜料够吗？你应当立即开始工作。你今天下午到我家吃饭，是不是？你带来你新作的油画了吗？恐怕你在这儿不会找到阿尔的那种黄颜色，可是这儿有些别的东西，它们也很值得你画。你一定要来我家作画，许多有名的画家都来过我家，我要把那些有名的画家都画过的花瓶给你画，你现在感觉怎么样……"

提奥看着这样的两个人，对他们相处融洽表示放心，但同时他又不能不担心这两个人会为画画上的什么事情激动起来，他知道，激动是一个精神病人必须杜绝和避免的。所以，提奥趁梵高在东张西望的时候，拼命把伽赛大夫拉住，低声跟他交谈起来。

“求您小心看护我哥哥，”他说，“如果您发现他有任何发病症候，就立即给我发电报。在他需要我的时候，我必须和他在一起，一定不许他……有人说……”“放心放心，”伽赛大夫打断提奥的话，用食指使劲儿捋着下巴上的小山羊胡须说，“他当然是疯了。可你有什么办法？所有的艺术家都是疯子。但是也是因为疯了，他们才成为艺术家。真的，有时候我希望变成个疯子还变不成呢。亚里士多德早就说过‘但凡优秀的人都免不了是个半疯’！”

“我知道，大夫，”提奥还是担心地说，“可他是个年轻人，只有三十六岁。他还有更美好的生活，我希望您能帮他好起来，至少不要让他伤害自己。”伽赛大夫很自信，他对提奥说：“把他留给我吧，我知道怎样和画家们打交道。我一个月之内就可以使他成为一个健康人。我要让他工作，这样可以治好他的病，我要让他给我画像。你放心去忙你的事情吧。”

提奥看着梵高激动地在楼上楼下乱跑，在这房子里找寻以前在画中看过的熟悉的东西，他觉得，无论如何，这是最好的方式。伽赛大夫已经去找梵高说话了，提奥只好恋恋不舍地回了巴黎，因为在那里，还有两个人等着他去照顾，甚至不止两个人，他身上有整个法国印象主义和后印象主义的责任。

梵高在楼上对远去的提奥挥了挥手，便忍住了眼泪转过来对伽赛大夫说："我在花园里倒看见一处我很想画的风景。"伽赛大夫高兴极了，他说："好！好！我立刻支上画架。你可以把你所要画的地方指给我，我会告诉你是否有哪个画家正好画过这个地点。"

在梵高作画的过程中，这位大夫围着他团团转，摆出表示狂喜、惊愕和诧异的姿态。他俯在梵高肩上，不断地提出意见又大加赞赏："是的，是的，你这回把它抓住了。它是粉红。你要把这棵树糟蹋了。啊，对，对，现在你把它抓住了。不，不，不要再加钴蓝了，这可不是普罗旺斯。对，对，就是这样。你把它们画得多么富于生命感，在你的笔下没有静物。留神，别太多了。啊，对了，对了，现在我看出来了，就是这样。"

梵高尽量忍耐着这位大夫的曲解和长篇的独白。然后他转过身，对手舞足蹈的伽赛说："大夫，难道你不认为你

梵高《阿尔妇女》

让自己这样兴奋、激动于你健康不利吗？作为一个医生，你理应知道保持平静是多么重要。”但是，当有人作画的时候伽赛是难以平静下来的，这是他作为一个心思缜密的医生的唯一缺点。

梵高画完画就同伽赛一起进了屋，他把自己带来的那幅阿尔女人肖像给这位大夫看，这位大夫眯起一只眼，迷惑不解地望着那画。在就这幅画的优点与缺点同自己进行了一场长时间的滔滔不绝的讨论之后，他宣布:“不对，我不知道你想表明什么，她的神情？她的外表?”梵高倒很镇定:“我什么也不想表明，她是阿尔妇女的综合，我只不过是想用色彩的语言来表现她的性格。”

伽赛大夫又看了一会儿，绝望地说:“哎呀，我完全不能接受这幅画。”梵高已经不愿意同他解释或者争辩了，他说:“如果我到房子各处看看你收藏的画，你不会介意吧?”伽赛大夫此时只关心手中这幅阿尔女人的肖像画，便头也不抬地说:“那当然，当然，你尽情地看吧。我可得和这位女士留在这儿，看我能不能够做到理解她。”这位大夫像在进行一场艰难的斗争。

由伽赛大夫的孩子保罗领着，梵高在房子里一间一间地参观了一个小时。他看到一幅吉劳曼画的躺在床上的裸体女性被随便丢在一个角落里，这幅油画显然没有得到妥善保管，它正在开裂。正当梵高心疼地看着这幅画的时候，伽赛大夫激动地跑上来，提出了一连串和那个阿尔女人有关的问题。他大喊着："我看懂了，我看懂了，梵高你说，你是不是想表现她的内心，她的内心一定承载着太阳的光辉，但是她的身体承载不动这些，所以这些线条有些扭曲，是不是这样?"

梵高笑笑，在他创作这幅画的时候，他可没想那么多，在他印象中，他看到的阿尔女人就是画上这个样子。伽赛大夫在稍稍冷静下来之后，邀请梵高和家人共进了晚餐。他很想要再和这位才华横溢的艺术家多待一会儿，但是他还是无奈地告诉梵高："对不起，我不能让你和我以及我的家人们住在一起，我的房子太小了，我带你到马路那边去吧，那里有一家干净舒适的旅馆，你晚上可以在那里休息，白天只要你高兴，你可以随时到我家来画画。"

伽赛大夫确实为梵高找了一家很好的旅馆，他向旅店主人要了个人情，旅店主人便同意每天只收六个法郎租给梵高一个房间住。伽赛大夫开了药给梵高，又嘱咐了他几句后，才离开这里回家去了。梵高等伽赛大夫前脚刚走，后脚就拖着行李离开了这里，旅馆主人大喊："你去哪里?"

梵高头也不回地说：“我是劳动者，不是资本家，我住不起你的六法郎的店。”梵高在这家旅馆附近找到了看上去很旧的拉伍饭馆，这里只要三个半法郎一天就够了，梵高便在这里住下了。

创作激情的丧失

第二天早上五点，梵高起床了。天气很好，阳光和煦，山谷里一片新绿。然而，他的病的几次发作和在圣雷米被迫过的那种闲散生活，使他付出了代价——他的手拿不住画笔了。他请求提奥给他寄来巴格的六十幅炭笔习作供他临摹。他担心如果不重学一下比例和裸体，他在作画时就会犯下错误，从而贻笑大方。

他铺开他在圣雷米画的一些油画，急着要润色修改。然而他这种突然间的活跃，只不过是瞬息间的一种姿态，是那种尚未被摧毁的生物体的习惯性动作。在精神病院的长期隔离之后，他觉得一天就像一个星期那样长。他不知道怎样打发这些时间，因为他没有力气，也没有愿望整天作画。在阿尔出事之前，他天天觉得时间短得不够用，如今这些日子却仿佛总也过不完。

更糟糕的是，现在自然界的景象很少使他激动，就是在他真正开始作画时，他也平静得出奇，简直就是漠不关心，这使他整天时时刻刻都处于激昂状态的强烈的绘画欲望离开了他。他现在是以一种缓慢从容的方式作画的，如果他到天黑时还一幅也没画完，那似乎对他也无所谓。他也不知道自己是怎么了，但是他明确地知道他害怕这样没有创作欲望的自己，他觉得绘画要离开他了，就是他的灵魂要离开他了，而他对这一切毫无办法。

伽赛大夫是梵高在奥维尔唯一的朋友，伽赛的大部分时间是在巴黎他的诊室里度过的，但是每天晚上，他都会来拉伍饭馆看梵高的画并和梵高谈心。不过这种理智的谈心在对象是梵高时就变成了狂热的崇拜，伽赛大夫可以说是这个世界上最早发现梵高非凡才华的人，他对梵高的欣赏绝不逊于基督徒对上帝的虔诚。

伽赛大夫全然没有觉察出梵高的不对劲来，他自顾自地在梵高窗前跪下来，从床底下拉出一摞油画。他把一幅画着光辉灿烂的黄色向日葵花的画拿到梵高面前，说：“哪怕我只画出过像这样的一幅画，梵高，我也会认为自己没有枉活一生。我用了那么多年去为人们解除病痛……然而，他们最终还是死去了，所以，这有什么意义呢？但是你这

梵高的《向日葵》最后成为他和高更友谊的象征，也成为他一生灿烂和内心虔诚的象征。人们看到向日葵，就会想起一位伟大的荷兰画家——梵高。

些向日葵花，它们将解除人们心灵的痛苦，它们将给人们带来欢乐，世世代代，这就是为什么你的人生是成功的。”

梵高听着这些话，心里却高兴不起来，他早已不关心自己是不是成功了，他只想着还能不能画画，这对他而言，就意味着他还能不能活下去。几天后，梵高应伽赛大夫的邀请为伽赛画了一幅肖像。伽赛头戴白帽，身穿蓝色长外套，衬着钴蓝色的背景。他画头部时用的是很淡很轻的色调，手部也是很浅的颜色，梵高让伽赛倚着一张红桌子，桌上放着一本黄颜色的书和一枝开着的紫色花朵。画完之后，使他感到有趣的是，这幅画像和他在阿尔还没遇到高更时画的那幅自画像非常相似。

伽赛大夫对这幅画像简直喜欢得发了狂。梵高从未听过这样赞不绝口的话。伽赛坚持要梵高为他复制一幅，梵高也很开心能为别人做些事，便答应了，伽赛大夫更是高兴得无法形容。他让梵高一定得用他那架在顶楼上的印刷机，他还主动提出，要把梵高所有的油画都取来，然后免费为他制成石版画。

等他们看完伽赛大夫珍藏的印刷机下楼的时候，梵高看见那幅吉劳曼的裸体画仍然被随随便便地扔在那儿。梵高最不愿意看到美的艺术被糟蹋，他严肃地说:“伽赛大夫，

梵高《伽赛大夫像》

我非得要你给这幅画装上画框不可。你正在糟蹋一件杰作。”而此时伽赛大夫眼里和心里全是梵高和梵高的画，他随口附和道:“是的，是的，我确实要给它装上画框。什么时候咱们能去巴黎，把你的画取回来呢？我们可以随便印多少石版画，我提供材料。”

梵高好不容易撇开伽赛大夫，一个人回到他住的饭店中，陷入了沉思。其实，他对大自然的爱并没有消失，他只是不再感到有什么太大的必要去扑向各处风景，并把它再创造出来。他觉得他的生命已经耗尽了。六月份整整一个月，他仅仅画了五张油画。他觉得疲劳，说不出的疲劳。他觉得头脑空虚，生命的源泉已经枯涸，仿佛在过去十年里，从他手下涌现出来的成百上千的铅笔的、彩色的图画中的每一幅，都带走了他的一小部分生命。

可是最后，梵高还是坚持继续作画，不过他清楚这仅仅是因为他觉得这是他欠提奥的，他应当让提奥从多年的投资中有所收益。不过，有时他在画画的中途，会想到提奥的房子里已经塞满了十辈子也卖不完的油画，他内心就会升起一阵隐隐的反感，于是厌恶地推开他的画架。他又陷入了焦虑，这次焦虑的不是得不到自由，而是太自由而得不到画画的动力。

另一个让梵高焦虑的原因是，他知道自己下一次犯病是在七月，他害怕在发病时会做出什么失去理智的事情。在离开巴黎时，他没有和提奥在钱上做明确的安排，因而他对自己会收到多少钱的问题也感到不安。伽赛大夫眼睛里那种交替出现的悲伤和狂喜，就像是另一个精神病人，这也是梵高的烦恼。

不幸的是，梵高的担心成真了，提奥不能再按原来的计划给梵高寄那么多钱了，因为提奥的孩子生病了。而同时，古比尔公司的董事会威胁说要把提奥赶出古比尔公司，因为他一直忙于卖印象派的画，这让一向盈利的巴黎分公司长期处于赔钱状态。梵高愁肠百结，忧虑不安，他倒不是担心自己，而是担心提奥，一个又一个问题涌上他心头。

如果提奥失了业，他会有怎样的遭遇呢？他会不会像个要饭的那样被赶到街头？而且还有乔安娜和孩子，他们会有什么遭遇？要是孩子死掉了怎么办？提奥脆弱的健康状况是经受不了这样的打击的。提奥哪儿还有气力为找工作去奔波呢？

梵高在拉伍家光线暗淡的饭馆里坐了好几个钟头，这地方的那种走了气的啤酒味儿和辛辣的烟草味儿，使他想起拉马丁广场的咖啡馆。他难受极了，没钱买酒，也没钱买颜料和画布，但是他克制着自己，在这样困难的时刻，他绝不愿意向提奥要任何东西。他又知道压抑的东西迟早要爆发，他害怕自己在七月发病期间可能会做出不受理智控制的疯狂的事情，做出给可怜的提奥增添忧虑和负担的事情。他满心悲怆，觉得自己生命最好的部分已经死去了。

一片灿烂的向日葵

已经好几天过去了，梵高呆呆地躺在黑暗的房间中，他自言自语着:“假使提奥没有失业，假使他仍能一个月寄给我一百五十个法郎，我又将拿我的生命怎么办呢？这几年，我之所以在痛苦中坚持活下来，那是因为我必须去画，因为我必须把在我内心燃烧的东西表达出来。但是现在已经没有什么东西在我心中燃烧了，我只剩下一个空壳。难道我得像精神病院里那些可怜人一样呆板单调地生活下去，等待一件偶然发生的事情把我从这个世界上除掉吗?”

想完这种可能性，他又转向另一个极端，为提奥、乔安娜和孩子担忧:“假如我的体力和精神恢复了，而且我又想画画了，在提奥需要用钱养乔安娜和小家伙的情况下，我怎能仍然从他那儿要钱呢？他不应当在我身上花钱，他应当用那笔钱把他一家人送到乡村，在乡村他们的身体才能健壮起来。他已经背负了我漫长的十年时光，这还不够吗？我难道不应该离开，从而给和自己同名的小梵高一个机会吗？我已经说完了我的话，现在应该轮到小家伙了。”

但是梵高再怎么想，现实就是这两种可能性的最差的结合，那就是他还是没有画画的渴望，而提奥也还是没有钱供养家庭。其实这样便简单了，梵高想着，他应该离去了，所有的现实都在反复证明这一点。他被自己想要自杀的想法吓了一跳，他不敢轻举妄动，因为他还有一丝理智，知道自己进入了发病的周期。前三天平静地过去了，他尽量躺在床上不动。

第四天下午，他便到伽赛家去了。伽赛大夫在起居室，梵高走到楼梯前时，他发现吉劳曼那幅未装画框的女裸体画还在他脚底下。梵高把这幅画拿起来，凶狠地对伽赛大夫大喊:“我告诉过你给它装上画框!”伽赛大夫吃惊地看着他，但并未在意，他回答:“我知道，梵高，下星期我就去订制一个细木框。”

梵高却不再接受这种拖延，他几乎是吼起来：“这幅画必须现在就装上画框！今天！现在！立刻！”而这还是没有引起伽赛大夫的警觉：“哎呀，梵高，你别这样激动。”梵高怒目注视了这位大夫好一会儿，威胁地朝他迈近一步，然后把手放进外衣口袋。伽赛大夫看见梵高正握着一把左轮手枪隔着外衣指着他。

“梵高！”伽赛大夫惊叫一声。梵高哆嗦了一下，像突然醒过来了似的，这是帮助他印刷、宣传画作的恩人啊。伽赛大夫忧伤的眼睛注视着失态的梵高，满是怜悯与无奈。在伽赛大夫不含怨恨、反倒是悲天悯人的目光的注视下，梵高犹如突然被折断的琴弦，哑然失声，他垂下眼睛，把手从口袋里拿出来，跑出了这幢房子。

第二天，他拿上画架和画布，沿那条长长的通往车站的路走着，经过天主教堂爬到山上。他在墓园对面黄色的麦田里坐下来，大约在中午，火热的太阳晒到他头顶时，天空突然出现一大片黑鸟。它们充满天空，遮暗了太阳，用厚厚的夜幕把梵高盖住，黑暗顺着他的头发、他的眼睛、他的鼻子和他的嘴洒下来，把他湮没在拍打着的翅膀聚积而成的一团不透气的黑色浓云中。

梵高继续画着，他画了黄色麦田上的鸟群。他不知道自己画了多久但是当他明白自己已经画完时，他在画布的角上写了“麦田上的乌鸦”几个字，然后背起画架和油画回到拉伍饭馆，扑倒在床上，睡着了。那就是梵高的绝笔之作，许多看过这幅画的人都说，那画面上预告着死亡。

第二天下午梵高又出去了，不过为了避开认识的人和伽赛医生，他是从广场的另一边出去的，他不想让别人再找到他、救活他，然后再打扰他心爱的提奥。他经过那边的大别墅上了山。一个农民看见他时，他正坐在一棵树上。梵高在痛苦地喃喃自语:“这不可能！这不可能!”过了一会儿，他从树上下来，在别墅后面的耕地中走着。这一次崩溃该是结束的时候了。在阿尔，还是最早的那一次，他就该明白这一点了，然而他一直未能做到彻底结束。

他脑海中浮现了他短暂的一生，他想到了父亲、母亲，他珍爱的乌苏拉、克里斯汀和玛高特，他怀念那些朋友，仁慈的皮特森牧师，帮助过他的莫夫表哥和韦森布鲁赫，还有巴黎的所有画家朋友们，图鲁兹又被关进了精神病院，并且死期将临，乔治·修拉由于劳累过度而在三十一岁就夭折了，还有保尔·高更，一个流落在布列塔尼的乞丐，最后是他的好弟弟提奥，这个曾经为他经受了长久的痛苦，

梵高《麦田上的乌鸦》

然而却一直爱着他，在迄今有过的兄弟之中最好、最亲爱的弟弟。

然而，语言却从来不是他的表达方式。他应当把告别画出来，可惜人是无法把告别画出来的。三十七岁的梵高抬起头，仰面对着太阳，他把左轮手枪压在自己的腹部，扣动扳机。他倒下去了，把脸埋在田野上肥沃而散发着刺鼻气味的泥土之中，一种疾速还原的泥土正在返回到大地母亲的怀抱中。

第二天早上提奥来到古比尔时，伽赛的电报正等着他。他赶上了第一班车，接着匆匆乘马车直奔奥维尔。在伽赛绝不放弃的努力之下，他找到了梵高，梵高只剩下最后一口气，这个钢铁一样的男人在中枪之后还没有死，就像是恋恋不舍地在等着一个多年的愿望实现。

看到提奥的那一刹那，梵高绝望的眼神亮了起来："啊，提奥。"随之而来的是深深的自责，他说："他们还是告诉了你，我还是打扰了你。"提奥在床边跪下来，像抱着一个很小的孩子一样把梵高抱在怀里。两个人都再也说不出话来。伽赛大夫进来时，提奥把伽赛带到外面的过道里，用眼神询问着什么。伽赛伤心地摇摇头，他说："没有希望了，我的朋友。我不能动手术取子弹，因为他的身体太弱了。如果他不是像铁打的一般坚强，他本来会死在田野上的。”

整整一天，提奥守在床边，握着梵高的手。夜晚来临，房间里只剩下他们两人。他们开始轻轻地谈起他们在松丹特的童年，从莱斯维克的那个磨坊到溪边的小路，从高高的麦子到松丹特家中厨房后面的花园……

奥维尔夜晚的那种深沉的宁静降临到这个房间。凌晨一点钟刚过，梵高微微转了一下头，喃喃地说：“我现在能死就好了，提奥。”过了几分钟，他闭上了眼睛。提奥感觉出他的哥哥离开了他，永远地离开了。梵高死在提奥的怀里，眼里全是幸福。在梵高自杀后，人们在梵高身上发现了一封信，梵高写道：“亲爱的弟弟，谢谢你寄来的贴心的信和五十法郎。想写的事情本来很多，可是我想没有用了，听说你的家人平安，我就放心了。生活顺利，比什么都好……你过去在许多幅画上一直是与我交流的伙伴……说到我的事业，我为它豁出了我的生命，因为它，我的理智已近乎崩溃……但你不是我所知的那类商人，我想你依然站在人性的一边，既然如此，你还指望什么呢?”看到这信的人，深深地沉默了。

巴黎的佩雷·唐古伊和爱弥尔等人从巴黎赶来参加了

葬礼。拉伍饭馆关了门，百叶窗也都放了下来。一匹黑马拉着一辆小小的黑色灵柩车等候在门外。提奥和伽赛搬来了梵高装裱好的画，把它们挂在灵堂的墙上，黑白色的房间立刻充满了光鲜亮丽的色彩。

整个房间陷入了死一般的沉寂，只有伽赛还能讲话，他说：“我们不要绝望，梵高的朋友们。梵高没有死，他永远不会死。他的爱、他的才华、他所创造的非凡的美，将千古长存并为这个世界增添光彩。我禁不住时时要看他的画，每看一次，我都会发现其中有种新的信念和人生的新意义。他是一位巨人……一位伟大的画家……一位伟大的哲学家。为了他所热爱的艺术，他献出了自己的生命。”

提奥想向伽赛表示感谢，可是泪水使他哽咽，他说不下去了。第二天，人们看见一个神态忧伤的小老头，在梵高的坟墓边上忙上忙下，他在那四周种满了向日葵，以纪念这位赋予向日葵不朽生命的伟大画家，这个老头就是陪伴梵高走过最后日子的伽赛大夫。几天后，提奥回到了家里，梵高的逝世使他日日夜夜沉浸在无法减轻的巨大哀痛之中，他的精神在这样的重压下崩溃了。

乔安娜把提奥送到乌得勒支的疗养院，那是玛高特为

梵高去世后，人们在他的棺椁上献上向日葵。他在奥维尔的墓地，也经常有人献上向日葵花。人们怀念画了向日葵的这个画家，他的精神，也被人们视为向日葵精神。

很多人对《向日葵》致敬，毕加索也在其中。这是两位大师跨世纪的相遇。

梵高崩溃后待过的地方。六个月后，几乎就在梵高去世的同一个日子，提奥也随梵高去了，他被临时葬在乌得勒支。善良的乔安娜深知梵高对于提奥的意义，她把提奥的灵柩迁到了奥维尔，葬在梵高的墓旁。当奥维尔的炎炎烈日照射到这座麦田之中的小小墓园时，梵高和提奥，这一对感动天地的兄弟，在繁茂的向日葵花的荫庇下安然长眠了。

此后，提奥的妻子乔安娜把梵高的画拿去展出，大家都没想到，梵高毕生开画展的梦想真正是由提奥的妻子实现的，从此梵高的名望越来越大。她还整理了梵高堆积如山的油画和素描，以及他写给提奥的几百封信，她将这些书信集出版了，梵高的一生渐渐被全世界的人所知晓。乔安娜一直在替提奥做着让梵高发光的工作，直到她死去。

可是提奥一家人为梵高做的努力并没有停止。在小梵高长大以后，他努力着，让荷兰政府修建了阿姆斯特丹国立梵高美术馆，永久珍藏梵高的作品和书信，这也是现在收藏梵高作品最多的艺术馆。到了今天，梵高已成为举世闻名的后印象派艺术大师，而他在奥维尔画的《伽赛大夫像》，仍保持着世界艺术品拍卖的最高纪录——8250 万美元。

也许生活总是充满了遗憾和不公，但是另一件值得让提奥和梵高欣慰的事是，他们的母亲活到了梵高成名的那一天，见证了他们俩灿烂的一生。

附录： 梵高年谱

1853 年 3 月 30 日生于荷兰南部布拉邦特省的格鲁特·松丹特，是荷兰新教牧师提奥多鲁斯·梵高（1822—1885）和安娜·科尼莉亚·卡本特斯（1819—1907）的长子。

1855 年 2 月 17 日，妹妹安娜·科莉妮娅·梵高诞生。

1857 年 5 月 1 日，梵高一生的知己、他的弟弟提奥诞生。

1859 年 3 月 16 日，妹妹伊丽莎白·梵高诞生。

1861 年梵高画了人生第一幅素描——《猫》，但在母亲的夸奖中梵高亲手撕毁了。

1862 年 3 月 16 日，妹妹威廉敏娜·梵高诞生。

1866 年于泽芬伯根寄宿学校创作最早的图画。

1866 年从松丹特的泽芬伯根寄宿学校，梵高进入蒂尔勃格的文法学校。

1867 年 5 月 17 日，弟弟科尼利斯·梵高诞生。

1868 年 3 月离开蒂尔勃格文法学校。

1869 年 3 月进入古比尔艺术公司海牙分店当店员，后又去布鲁塞尔分店工作。

1871 年举家迁往赫尔瓦尔特。

1872 年开始与提奥通信，后者在上学。

1873 年 5 月，梵高迁往伦敦分店，爱上了房东女儿乌苏拉。6 月，提奥进入古比尔公司布鲁塞尔分店工作。

1874 年向乌苏拉求婚失败，回荷兰。10 月至 12 月在巴黎古比尔总公司，后返伦敦。

1875 年 5 月，被调往巴黎古比尔公司，热衷于神秘主义和宗教。10 月，其父母迁往埃顿。

1876 年 3 月被古比尔公司解雇；得到根据米勒《晚祷》刻制的版画。4 月在英国拉姆斯盖特当教师，后又在艾尔沃思当助理牧师。12 月返埃顿。

1877 年 1 月至 4 月在多德雷赫特书店任职，5 月赴阿姆斯特丹，和叔叔同住，为投考神学院积极攻读。

1878 年 7 月，放弃在阿姆斯特丹的学习，在埃顿作短期逗留后，于 8 月入布鲁塞尔在福音传道学校进行为期三个月的学习，但未能取得牧师的任命，赴蒙斯附近的博里纳日矿区，作非正式传教。

1879 年由于工作过于热情，被教会解雇，这段悲惨的经历给他打上了印记，后开始了流浪生活；阅读狄更斯、斯托、雨果、莎士比亚和米什莱的著作；推崇夏尔·德·格鲁、伦勃朗、吕斯代尔、巴比松画派和海牙画派的艺术；由于贫困失望，对生活失去信心，开始画素描。

1880 年与家庭日益疏远的时期，住在矿工家，开始走上创作的道路；临摹米勒的作品。

1881 年埃顿时期（1881 年 4 月 12 日—1881 年 12 月 30 日）：4 月，去埃顿与父母同住；12 月与家庭发生龃龉，离家赴海牙。

1882 年海牙时期（1881 年 12 月 31 日—1883 年 9 月 12 日）：跟表姐夫安东·莫夫学画；开始与怀孕的、被遗弃的克里斯汀（“西恩”）·玛丽亚·霍尔尼克同居，并因此与莫夫决裂。

1883 年纽恩南时期（1883 年 9 月—1885 年 11 月 27 日）：梵高 12 月回到荷兰南部的纽恩南，起初与父母同住，后来离家独住。

1884 年画水彩和“织工”习作；与父亲关系紧

张；与本村姑娘玛高特恋爱，以不幸结局告终。

1885 年，为《吃土豆的人》绘制了约五十幅农民头像；3 月 26 日父亲骤然去世，被埃米尔 · 左拉之《萌芽》及其他现实主义作家的作品深深打动。

1886 年巴黎时期（1886 年 3 月—1888 年 2 月 20 日）：2 月底去巴黎，与提奥同住；认识特雷克、埃米尔 · 贝尔纳、高更及其他印象派画家；发现了“光明的绘画”；第八次也是最后一次印象派美术展举行，会上展出修拉的《大碗岛的星期日》；梵高采用了新的点彩技法。

1887 年由于与不断发展的当代法国艺术运动接近，梵高的调色板变得愈来愈明亮；在劳工阶级的咖啡馆墙上展出自己的作品；同毕沙罗、德加、修拉、塞尚相识并交往；开始绘制向日葵连作。

1888 年阿尔时期（1888 年 2 月 21 日—1889 年 5 月 3 日）：2 月赴普罗旺斯阿尔，住在阿尔加萨咖啡馆；5 月迁入拉马丁广场上的“黄房子”；10 月 20 日高更来与他同住；12 月 23 日因精神失常，割下一只耳朵；高更返巴黎。由于提奥的帮助，梵高的三幅油画和几幅素描得以在独立沙龙展出。

1889年圣雷米时期（1889年5月3日—1890年5月16日）：4月17日，提奥结婚；5月，梵高自愿进圣雷米精神病院；在住院后一个月，创作了他最著名的油画之一《星空》。

1890年奥维尔时期（1890年5月21日—1890年7月29日）：临摹伦勃朗等人的作品；1月31日，提奥得子；在布鲁塞尔的“二十人展览会”上，梵高的《红葡萄园》得以出售，这是他在世时得以出售的唯一的一幅作品；5月出院，途经巴黎，稍事休息后迁居奥维尔，接受伽塞大夫监护；6月创作《伽塞大夫像》；7月，去巴黎探望提奥一家，回奥维尔后，创作《奥维尔市政厅》。他最后的一幅油画是《麦田上的乌鸦》。7月27日旧病复发，开枪自杀，于29日凌晨1时许，在提奥和伽塞大夫的守护下停止呼吸。